Iniciação à Vida Cristã

Catecumenato Crismal

Coleção Água e Espírito

Iniciação à vida cristã

- *Batismo; Confirmação / Eucaristia de adultos*
  Livro do Catequista e Livro do Catequizando
  Leomar A. Brustolin e Antonio Francisco Lelo

- *Catecumenato crismal*
  Livro do Catequista, Livro do Crismando e Livro da Família
  Nucap

- *Perseverança*
  Livro do Catequizando, Livro do Catequista e Livro da Família
  Nucap

- *Eucaristia*
  Livro do Catequista, Livro do Catequizando e Livro da Família
  Nucap

- *Iniciação à vida cristã dos pequeninos*
  Portfólio do Catequizando e da Família e Livro do Catequista
  Erenice Jesus de Souza

- *Batismo de crianças*
  Livro do Catequista e Livro dos Pais e Padrinhos
  Nucap

* * *

- *A iniciação cristã: catecumenato, dinamismo sacramental, testemunho*
  Antonio Francisco Lelo

- *Catequese em estilo catecumenal*
  Antonio Francisco Lelo

- *Seguir o Mestre: Batismo e/ou Confirmação e Eucaristia de adultos (2 vols.)*
  Frei Antônio Francisco Blankendaal

Núcleo de Catequese Paulinas – Nucap

Iniciação à Vida Cristã

Catecumenato Crismal

Livro da Família

Dados Internacionais de Catalogação na Publicação (CIP)
(Câmara Brasileira do Livro, SP, Brasil)

Iniciação à vida cristã : catecumenato crismal : livro da família / Núcleo de Catequese Paulinas - NUCAP . – 6. ed. – São Paulo : Paulinas, 2014. – (Coleção água e espírito)

Bibliografia.
ISBN 978-85-356-3747-2

1. Catecumenato 2. Catequese - Igreja Católica 3. Crisma - Estudo e ensino 4. Fé I. Núcleo de Catequese Paulinas - NUCAP. II. Série.

14-02520   CDD-265.207

Índices para catálogo sistemático:
1. Catecumenato crismal : Cristianismo   265.207
2. Crisma : Preparação : Catecumenato : Cristianismo   265.207

6ª edição – 2014
5ª reimpressão – 2023

Direção-geral: *Flávia Reginatto*
Editores responsáveis: *Vera Ivanise Bombonatto e Antonio Francisco Lelo*
Redatores: *Antonio Francisco Lelo (coordenador),*
Lisaneos Francisco Prates, Mário Marcelo Coelho,
Cláudio Buss e Leonardo Agostini Fernandes
Copidesque: *Mônica Elaine G. S. da Costa*
Coordenação de revisão: *Marina Mendonça*
Revisão: *Ruth Mitzuie Kluska*
Gerente de produção: *Felício Calegaro Neto*
Capa e diagramação: *Manuel Rebelato Miramontes*
Ilustração: *Gustavo Montebello*

Nenhuma parte desta obra poderá ser reproduzida ou transmitida por qualquer forma e/ou quaisquer meios (eletrônico ou mecânico, incluindo fotocópia e gravação) ou arquivada em qualquer sistema ou banco de dados sem permissão escrita da Editora. Direitos reservados.

Paulinas
Rua Dona Inácia Uchoa, 62
04110-020 – São Paulo – SP (Brasil)
Tel.: (11) 2125-3500
http://www.paulinas.com.br – editora@paulinas.com.br
Telemarketing e SAC: 0800-7010081
© Pia Sociedade Filhas de São Paulo – São Paulo, 2008

Sumário

Apresentação 9
Introdução 11

1º encontro – Catecumenato crismal 15
2º encontro – O que significa crer hoje? 20
3º encontro – A fé da Igreja 26
4º encontro – Explicação do Creio 32
5º encontro – Ler e meditar a Palavra de Deus
na Bíblia 40
6º encontro – O Evangelho de Jesus segundo Marcos 46
7º encontro – O Reino de Deus e a família 53
8º encontro – O Pai-Nosso: a oração da família 56
9º encontro – Formamos a Igreja 59
10º encontro – A Crisma 64
11º encontro – A missa dominical 67
12º encontro – A Eucaristia e a família 72
13º encontro – Valores humanos e cristãos 76
14º encontro – Ética sexual e namoro 79
15º encontro – As drogas 83

Bênção da família 86
Bênção da casa 89
Bibliografia 92

Iniciação à vida cristã
Catecumenato crismal

Este projeto tem o objetivo de envolver catequistas, catequizandos e familiares no processo de catecumenato crismal, por meio de um conteúdo que leva à progressiva compreensão da fé e, principalmente, à vivência dessa fé em sua vida pessoal e comunitária. Compõe-se dos seguintes subsídios:

- *Livro do Catequista*: inspirado no RICA (*Ritual de iniciação cristã dos adultos*), traz celebrações e roteiros que estimulam a participação na liturgia. Relaciona a Crisma com o Batismo e a Eucaristia, tendo como centro a Páscoa do Senhor. Propõe aos crismandos a realização do Reino de Deus mediante o discipulado de Jesus Cristo. No livro estão encartados um roteiro geral das atividades e um DVD com subsídios (filme e músicas).

- *Livro do Crismando*: retoma a trajetória de fé dos crismandos. Busca formar uma visão integral da pessoa humana e discernir suas opções segundo a moral cristã. Apresenta a Igreja como Corpo de Cristo, presença do Espírito e manifestação de Deus-Pai no mundo. Motiva os jovens a se tornarem missionários nos ambientes em que estão inseridos e a se engajarem na transformação da sociedade.

- *Livro da Família*: permite aos familiares que acompanhem, ao longo dos encontros propostos, os grandes temas tratados no catecumenato crismal. Estimula, assim, a família e os responsáveis da comunidade cristã a participarem e a colaborarem na formação catecumenal, de modo que os jovens se sintam apoiados na educação de sua fé e os catequistas, reforçados em seu trabalho.

Apresentação

Bem-vindos à comunidade de fé de nossa paróquia! Seu filho ou afilhado receberá a Crisma, mas todos (comunidade, catequistas, pais e padrinhos) renovaremos nosso compromisso de fé, esperança e caridade com o Espírito que se difundirá sobre nós.

Durante este tempo, o itinerário a ser percorrido deverá também ser partilhado e aprofundado em casa. Trata-se não apenas de uma lição a mais, ou de um conteúdo apreendido, mas muito mais de um processo a ser interiorizado e testemunhado por toda a família. Isso implica convicções, valores e fé que levem o jovem e sua família a uma forma própria de encarar a vida, estabelecer relações e dar significado à existência.

Esperamos que a novidade do Reino atinja toda a vida familiar. Se um membro cresce espiritualmente, todos se beneficiam de sua maturidade, pois compartilham aquela pérola ou o tesouro pelos quais vale a pena vender tudo a fim de adquiri-los (cf. Mt 13,44-46).

O fato de Jesus Cristo ter nascido e ter sido educado em um ambiente marcado pelos relacionamentos familiares deverá nos ajudar a continuar valorizando nossa família como lugar de promoção do verdadeiro sentido da vida, onde acontece o processo de amadurecimento da fé em Jesus Cristo.

Este itinerário se dispõe em três volumes: Livro do Catequista, Livro do Crismando e Livro da Família. Seu objetivo é promover uma reflexão comum sobre temas fundamentais para a vivência da fé.

O Livro da Família, na Introdução, aponta para a educação da fé que deve crescer e amadurecer. O primeiro encontro é vital para estabelecer as bases e objetivos do catecumenato a ser trabalhado por todos. É fundamental aprofundar hoje o sentido da fé diante do pluralismo religioso que experimentamos. Os encontros sobre o Evangelho e o Reino requerem a conversão para o seguimento de Jesus. O estudo sobre a Igreja e os sacramentos questiona nossa participação e envolvimento na comunidade como resultado de todo o processo. E, por fim, os temas mais polêmicos (sexualidade e drogas) exigem um aprofundamento consciencioso de toda a família.

Introdução

Hoje em dia, conversar com a família e em família tornou-se um desafio. De um lado nos deparamos com diferentes arranjos familiares. Do outro lado, as referências de cada família são multiformes em razão do bombardeamento de informações, de valores e de modelos familiares.

A concepção de família mudou. Em sua maioria, deixaram de ser numerosas. "Em nossas paróquias participam pessoas unidas sem o vínculo sacramental, outras estão numa segunda união, e há aquelas que vivem sozinhas sustentando os filhos. Outras configurações também aparecem, como avós que criam netos ou tios que sustentam sobrinhos. Crianças são adotadas por pessoas solteiras ou por pessoas do mesmo sexo que vivem em união estável."[1]

É por isso que aqui preferimos tratar a configuração familiar em geral, considerando prioritariamente as relações afetivas e os vínculos de educação, solidariedade e proteção, sem nos deter no modelo natural de pais e filhos. Muitas vezes, então, citamos a família, ou os familiares, sem necessariamente nos referir tão só aos pais.

Mas uma coisa não mudou. O acompanhamento e a participação das famílias nesse período de amadurecimento da fé do jovem continuam fundamentais. Em tempos de tão grande pluralismo, estabelecer referenciais de conduta cristã tornou-se um grande desafio. Alternam-se, na sociedade e nas famílias, critérios de permissividade e rigorismo, consumismo disfarçado

---

[1] CNBB. *Comunidade de comunidades: uma nova paróquia*. Brasília, Edições CNBB, 2013. n. 104. (Estudos CNBB 101).

e altruísmo, desvalorização da pessoa e desconfiança de utopias transformadoras. Por isso há a necessidade de dialogar com todos os que educam, para alcançar a convergência na forma de encarar os valores cristãos em temas polêmicos: construção da paz; luta pela liberdade, verdade, justiça; nova concepção do namoro, casamento; sexualidade; drogas; cidadania e exclusão social.

Constatamos que a educação de uma pessoa não é papel exclusivo dos genitores ou responsáveis. Há muitas agências educativas que concorrem para o amadurecimento da personalidade do indivíduo. Uma delas é a comunidade de fé.

Nesse caminho de compreensão da fé, poderá haver muita manipulação. Há pessoas inescrupulosas que apresentam Deus de tal forma que nos afastam daquele que buscamos no Evangelho. Por isso, é importantíssimo que a família acompanhe de perto o amadurecimento de fé do jovem crismando, para que todo conhecimento, experiência, relações e descobertas sejam integrados com grande harmonia naquilo que em casa é compartilhado, vivido e aceito.

Se no núcleo familiar houver membros com opções de fé diferentes, deverá prevalecer o diálogo, o respeito e também o reconhecimento dos limites de cada Igreja. Uma coisa é certa: o Evangelho nos compele ao mesmo compromisso de fé na caridade. Encarnar as bem-aventuranças é dever comum de todos os cristãos, independentemente da denominação religiosa professada. Uma crítica construtiva ajudará no crescimento de todos, inclusive das próprias comunidades de fé, das quais não está isenta a comunidade católica, pois todas elas são agrupamentos de pessoas que estão a caminho de aperfeiçoamento e em processo de conversão.

A parceria entre a equipe animadora do catecumenato crismal e a família visa acompanhar esse período através da participação em reuniões, em celebrações comunitárias, e de um diálogo de fé dentro de casa.

O caminho percorrido por Jesus Cristo é inseparável do ambiente familiar. Ele chegou até nós através de uma família. Igualmente, a formação cristã da juventude também deverá passar pela mediação da família, sendo esta uma igreja doméstica sempre vinculada à Igreja maior, a comunidade de todos os fiéis. Um diálogo aberto sobre os conteúdos da fé cristã ensinada pela comunidade e sua relação com a vida familiar deverá buscar sempre a união entre a fé e a vida da juventude.

Nessa etapa de cultivo e amadurecimento da fé do jovem, o compromisso e o envolvimento familiar são fundamentais para a catequese cumprir seus objetivos. Por isso, as atitudes religiosas praticadas em casa são as que mais calam fundo no coração do jovem, pois são "o clima familiar propício de diálogo, de perdão, de solidariedade, de oração familiar e de participação na comunidade que envolve a criança desde o ventre materno".[2] Ver um pai rezar, uma mãe que convoca a família para a oração, ou, então, certas práticas características da família, como missa dominical na paróquia, o cuidado com os pobres, são as recordações que mais incentivam um jovem a manter uma vida de fé.

Talvez seja a hora de retomar antigos costumes que distinguem a família cristã:

Orar antes das refeições. Quando for possível, reunir a família ao redor da mesa para agradecer ao Pai pelos dons recebidos e pelo trabalho realizado. A mesa da família é continuação da mesa eucarística, a grande oração eucarística rezada na missa alcança a oração, o diálogo, a amizade e o perdão que são servidos na mesa de casa.

Frequentar a missa dominical. Não há dia do Senhor (domingo > *dominus* > Senhor) sem a celebração da Eucaristia, na qual o Senhor se faz presente em seu sacrifício doando-se a todos: "O domingo não se distingue com base na simples suspensão das atividades habituais, como se fosse uma espécie de parêntese dentro do ritmo normal dos dias [...]; nele se faz memória da novidade radical trazida por Cristo [...]; 'viver segundo o domingo' significa viver consciente da libertação trazida por Cristo e realizar a própria existência como oferta de si mesmo a Deus, para que a

---

[2] CNBB. *Diretório nacional de catequese.* São Paulo, Paulinas, 2006. n. 239b. (Documentos da CNBB, n. 84).

sua vitória se manifeste plenamente a todos os homens através de uma conduta intimamente renovada".[3]

Atuar na comunidade. Muitos cristãos encontram sentido de sua fé participando das pastorais da comunidade paroquial ou praticando o voluntariado em alguma ONG. Há atividades mais tradicionais e não menos necessárias, como os vicentinos e o grupo da Legião de Maria, que prestam serviços aos doentes e pobres. Há também grupos com maior participação social e política, como as pastorais sociais (da mulher marginalizada, do menor, da criança etc.) e os conselhos de direitos, associações de moradores etc.

Participar da catequese própria com adultos. Especialmente convidar os pais ou responsáveis que não concluíram o caminho da iniciação, isto é, não receberam a Confirmação e/ou a Eucaristia, para que procurem a equipe coordenadora, a fim de formar um grupo específico. É muito louvável que o jovem perceba o empenho com que seus familiares valorizam a fé vivida na Igreja.[4]

Estes encontros supõem as condições mínimas do diálogo familiar. Temos presente a escassez dos momentos de encontro na vida familiar, mas apostamos na qualidade e intensidade deles. Nele precisa haver uma escuta ativa (ouvir e ser ouvido, acolher e ser acolhido). Aqui valem as máximas de São João Bosco: "Não basta amar; é preciso que os jovens se sintam amados!" ou, então: "Procura fazer-te amado". Somente na esfera do amor-doação o jovem poderá desenvolver a confiança e convicções duradouras e evangélicas. Por isso, é importante que os pais não se percam em discussões superficiais e preservem o máximo possível o bom entendimento. O santo também alerta os pais da necessidade de demonstrarem seu amor para que os filhos tenham percepção e estejam convencidos dele para se sentirem amados. Sem tais condições, dificilmente um diálogo será frutuoso.

---

[3] BENTO XVI. Exortação Apostólica pós-sinodal *Sacramentum Caritatis* – sobre a Eucaristia, fonte e ápice da vida e da missão da Igreja. São Paulo, Paulinas, 2007. n. 72.

[4] Para essa finalidade, recomendamos: BRUSTOLIN, Leomar A.; LELO, Antonio F. *Iniciação à vida de fé*; Batismo, Confirmação e Eucaristia de adultos. São Paulo, Paulinas, 2006; BLANKENDAAL, Antônio Francisco. *Seguir o Mestre*; Batismo e/ou Confirmação e Eucaristia de adultos. São Paulo, Paulinas, 2007. (2 volumes).

1º encontro

Catecumenato crismal

Objetivo

Apresentar a equipe, os objetivos e a metodologia do catecumenato crismal a fim de motivar a colaboração dos familiares.

Reflexão

Proclamar: *Mc 1,14-20 – Segui-me, e eu farei de vós pescadores de homens.*

Jesus inaugura um tempo novo, no qual irrompe a graça da salvação. O Reino de Deus chegou. O Senhor convoca cada um para seguir seus passos e ter a vida em seu nome. Agora, cabe a nós nos convertermos para acolher a Boa-Nova. Queremos ser discípulos do Mestre e, por isso, sua Palavra será nossa orientação de vida.

"Um catecumenato de Confirmação pretende ser um processo de amadurecimento, no qual os próprios jovens são protagonistas e agentes de sua educação. O catecumenato de Confirmação pretende atingir a 'pessoa' do jovem, ajudá-lo a descobrir quem é, suas possibilidades e a forma de relacionar-se com o mundo, ajudá-lo a adquirir critérios pessoais, para poder enfrentar sua vida e dar respostas originais. O catecumenato pretende criar condições necessárias para cada membro se desenvolver livremente, superando tudo o que impede sua autorrealização.

O objetivo, portanto, é colocar o jovem em diálogo consigo mesmo, com sua vida e com as circunstâncias que envolvem sua vida, seus familiares, seus relacionamentos sociais [...]. Diálogo difícil, mas necessário, para alcançar a maturidade de um projeto de vida pessoal, não imposto pela sociedade massificadora."[1]

Para alcançar os objetivos, a forma de conceber o catecumenato crismal é de suma importância. Não se trata de curso, de escola, nem mesmo de um aprendizado doutrinal apenas. Antes, quer-se estabelecer um clima de confiança entre jovens, introdutores, catequistas e família que propicie a partilha de vida, a criação de laços de amizade e a confiança recíproca. Uma relação familiar que permita ir além da superficialidade e do mero barulho, para formar o espírito de comunidade no grupo catecumenal.

Há que propiciar a experiência de vida comunitária, com o objetivo de promover a integração do crismando na vida da comunidade. A convivência comunitária quer facilitar a alegria de partilhar a experiência do encontro com Cristo. Dela decorrem as outras atitudes próprias do espírito catecumenal: pôr em comum o projeto de vida, as situações familiares, o envolvimento afetivo, as atividades esportivas; e aprofundar situações mais cuidadosas, como o uso de cigarro, de anfetamina...

O catecumenato utiliza uma metodologia que combina três elementos: *o anúncio da fé*, particularmente pelo aprofundamento da Palavra; *a celebração da fé*, mediante vivências litúrgicas; *o compromisso com a fé*, através da prática de vida cristã. Propõe o anúncio em pequenas celebrações para o grupo e procura revelar o significado dos sinais e gestos que a liturgia reza. Ensina que a mesma graça dada na celebração prossegue na vida, pois o crismando irá praticar na vida aquilo que refletiu com a razão e consentiu na oração. Portanto, deve anunciar aos outros (testemunhar) a sua nova maneira de ser.

Todo o processo está centrado na Páscoa de Cristo. Por isso, é de grande valor a participação continuada na Eucaristia dominical. A iniciação cristã é a identificação existencial do crismando na Páscoa de Cristo, e seu centro é o Tríduo Pascal.

---

[1] GUERGUÉ, Jesus. *Jesus: um projeto de vida*. São Paulo, Paulinas, 1988. p. 43.

O catecumenato é concebido como a escola de discípulos. Estes seguem o Mestre e devem aprender a discernir os acontecimentos de sua vida diária, os fatos do mundo, as correntes de pensamento... segundo a mentalidade do Evangelho. A obtenção de atitudes cristãs constituirá o termômetro de avaliação e assimilação das atividades catecumenais.

Mais do que explicar um saber religioso, o catecumenato procura revelar, à luz do mistério de Cristo, o sentido cristão da vida, das experiências de vida dos jovens; reflete com os jovens que os valores sobre os quais querem construir sua personalidade adquirem uma significação mais autêntica na própria pessoa de Jesus. Será, portanto, o catecumenato uma forma de entender a vida à luz da fé.

Também será apresentado aos jovens o trabalho que a comunidade realiza – visitas às famílias, festividades, celebrações, reuniões, trabalhos pastorais –, para aguçar-lhes a curiosidade de conhecer sua comunidade paroquial e dar-se conta da necessidade de sua participação.

DICAS EDUCATIVAS

O início do catecumenato constitui uma excelente oportunidade para aprofundar as linhas de um projeto de vida com o jovem. Muito além da simples escolha da profissão, trata-se de ajudar o jovem a organizar sua vida a curto, médio e até longo prazo, a perceber como os valores espirituais oferecem a base das escolhas de vida, como estes implementam tenacidade, coragem e perseverança para alcançar os ideais, como também em que condições estes deverão ser perseguidos.

Por ocasião do início do catecumenato, será oportuno que pais e responsáveis aprofundem com os jovens as implicações das opções que fazemos na vida, segundo o princípio paulino, "a mim tudo é permitido, mas nem tudo me convém" (1Cor 6,12). No fundo estão em jogo o encontro de fé com a pessoa e a prática de Jesus Cristo, que dá um rumo decisivo na vida, abre um novo horizonte e, consequentemente, requer a aceitação de um projeto de vida baseado em seu Evangelho.

O projeto de vida, ou seja, o acompanhamento e orientação por parte da família sobre o que o jovem fará, é importantíssimo nesta etapa. "A maioria dos 34 milhões de jovens brasileiros representa um dos segmentos populacionais mais fortemente atingidos pelos mecanismos de exclusão social [...]. A juventude é especialmente atingida pelas desigualdades do sistema educacional, pelas mudanças no mundo do trabalho e, ainda, é o segmento etário mais destituído de apoio de redes de proteção social."[2]

Em um sistema em que a maioria sofre com a disparidade de renda, o acesso restrito à educação de qualidade e frágeis condições para a permanência nos sistemas escolares, o desemprego e a falta de qualificação para o mercado de trabalho, a descoberta de Cristo no Evangelho abre o horizonte dos grandes ideais que só podem ser alcançados pela valorização do estudo e do trabalho. Daí a urgência de a família apoiar e acompanhar o jovem nesta fase de transição até que conclua necessariamente o ensino médio e, se possível, um curso superior, a fim de estabilizar-se profissionalmente.

Outro ponto fundamental para ser tratado nestes primeiros passos é o reforço ou retomada da missa dominical como centro da vida cristã, como meio habitual de assumir a Páscoa de Cristo na entrega da própria vida. A meta da iniciação cristã não é a Confirmação em si, mas sim a participação ativa, consciente e frutuosa na Eucaristia da comunidade e sua correspondente continuidade na vida diária. E aqui entra a importância de a família levar a sério esse compromisso com a comunidade de fé.

---

[2] CNBB. *Evangelização da juventude*; desafios e perspectivas pastorais. São Paulo, Paulinas, 2007. n. 31. (Documentos da CNBB, n. 85).

Oração pela família

Letra e música: Pe. Zezinho, scj/CD: *Oração pela família*. Comep/Paulinas

Que nenhuma família
Comece em qualquer de repente
Que nenhuma família
Termine por falta de amor
Que o casal seja um para o outro
De corpo e de mente
E que nada no mundo
Separe um casal sonhador

Que nenhuma família
Se abrigue debaixo da ponte
Que ninguém interfira
No lar e na vida dos dois
Que ninguém os obrigue
A viver sem nenhum horizonte
Que eles vivam do ontem, no hoje
E em função de um depois

Que marido e mulher
Tenham força de amar sem medida
Que ninguém vá dormir
Sem pedir ou sem dar seu perdão
Que as crianças aprendam no colo
O sentido da vida
Que a família celebre
A partilha do abraço e do pão

Que marido e mulher não se traiam
Nem traiam seus filhos
Que o ciúme não mate a certeza
Do amor entre os dois
Que no seu firmamento
A estrela que tem maior brilho
Seja a firme esperança de um céu
Aqui mesmo e depois

Que a família comece
E termine sabendo aonde vai
E que o homem carregue
Nos ombros a graça de um pai
Que a mulher seja um céu
De ternura, aconchego e calor
E que os filhos conheçam
A força que brota do amor
Abençoa, Senhor, as famílias,
amém!
Abençoa, Senhor, a minha também!

2º encontro
O que significa crer hoje?[1]

OBJETIVO

Problematizar o que significa crer para ressaltar o valor da fé na formação da personalidade humana.

REFLEXÃO

O que é a fé? Qual a finalidade da fé? A nossa fé pode ser manipulada? Ainda há um sentido para a fé em um mundo cuja ciência e a técnica abriram horizontes até pouco tempo impensáveis?

Proclamar: *Hb 3,7-15 – Hoje, se ouvirdes a sua voz, não endureçais os vossos corações!*

De fato, no nosso tempo é necessária uma renovada educação para a fé, que inclua um conhecimento das suas verdades e dos eventos da salvação, mas que, sobretudo, nasça de um verdadeiro encontro com Deus em Jesus Cristo, de amá-lo, de confiar nele, de modo que toda a vida seja envolvida.

Hoje, junto a tantos sinais do bem, cresce ao nosso redor também certo deserto espiritual. Às vezes, tem-se a sensação, por certos acontecimentos dos quais temos notícia todos os dias, de que o mundo não vai em direção à construção de uma comunidade mais fraterna e mais pacífica; as mesmas ideias de progresso e

---

[1] BENTO XVI. Audiência 24/11/2012. In: DARIVA, Noemi. *Celebrando a fé com as palavras do Papa Bento XVI em seus Discursos e Audiências.* São Paulo, Paulinas, 2013, pp. 124-129. Os subtítulos foram acrescentados com finalidade didática.

de bem-estar mostram também as suas sombras. Apesar da grandeza das descobertas da ciência e dos sucessos da técnica, hoje o homem não parece verdadeiramente mais livre, mais humano; permanecem tantas formas de exploração, de manipulação, de violência, de abusos, de injustiça...

Certo tipo de cultura, então, educou a mover-se somente no horizonte das coisas, do factível, a crer somente no que se vê e se toca com as próprias mãos. Por outro lado, cresce também o número daqueles que se sentem desorientados e, na tentativa de ir além de uma visão somente horizontal da realidade, estão dispostos a crer em tudo e no seu contrário. Neste contexto, surgem algumas perguntas fundamentais, que são muito mais concretas do que parecem à primeira vista:

> Que sentido tem viver?
>
> Há um futuro para o homem, para nós e para as novas gerações?
>
> Em que direção orientar as escolhas da nossa liberdade para um êxito bom e feliz da vida?
>
> O que nos espera além do limiar da morte?

Destas insuprimíveis perguntas emergem que o mundo do planejamento, do cálculo exato e do experimento, em uma palavra, o saber da ciência, mesmo sendo importante para a vida do homem, sozinho não basta. Precisamos não apenas do pão material, mas também de amor, de significado e de esperança, de um fundamento seguro, de um terreno sólido que nos ajude a viver com um senso autêntico também nas crises, na escuridão, nas dificuldades e nos problemas cotidianos.

A fé nos dá exatamente isto: é um confiante confiar em um "Tu" que é Deus, o qual me dá uma certeza diferente, mas não menos sólida daquela que me vem do cálculo exato ou da ciência.

> A fé não é um simples consentimento intelectual do homem e da verdade particular sobre Deus; é um ato com o qual confio livremente em um Deus que é Pai e me ama; é adesão a um "Tu" que me dá esperança e confiança.

Certamente essa adesão a Deus não é privada de conteúdo: com ela sabemos que Deus mesmo se mostrou a nós em Cristo, mostrou a sua face e se fez realmente próximo a cada um de nós. Mais: Deus revelou que o seu amor pelo homem, por cada um de nós, é sem medida: na Cruz, Jesus de Nazaré, o Filho de Deus feito homem, nos mostra do modo mais luminoso a que ponto chega esse amor, até a doação de si mesmo, até o sacrifício total.

Com o Mistério da Morte e Ressurreição de Cristo, Deus desce até o fundo na nossa humanidade para trazê-la de volta a ele, para elevá-la à sua altura. A fé é crer nesse amor de Deus que não diminui diante da maldade do homem, diante do mal e da morte, mas é capaz de transformar cada forma de escravidão, dando a possibilidade da salvação.

Ter fé, então, é encontrar este "Tu", Deus, que me sustenta e me concede a promessa de um amor indestrutível que não só aspira à eternidade, mas a doa; é confiar-se em Deus como a atitude de uma criança, que sabe bem que todas as suas dificuldades, todos os seus problemas, estão seguros no "Tu" da mãe.

E essa possibilidade de salvação através da fé é um dom que Deus oferece a todos os homens. Acho que deveríamos meditar com mais frequência – na nossa vida cotidiana, caracterizada por problemas e situações às vezes dramáticas – sobre o fato de que crer de forma cristã significa esse abandonar-me com confiança ao sentido profundo que sustenta a mim e ao mundo, aquele sentido que não somos capazes de dar, mas somente de receber como dom, e que é o fundamento sobre o qual podemos viver sem medo. E essa certeza libertadora e tranquilizante da fé devemos ser capazes de anunciá-la com a palavra e de mostrá-la com a nossa vida de cristãos.

Ao nosso redor, porém, vemos todos os dias que muitos permanecem indiferentes ou recusam-se a acolher este anúncio. No final do Evangelho de Marcos, temos as palavras duras do Ressuscitado que diz: "Quem crer e for batizado será salvo, mas quem não crer será condenado" (Mc 16,16), perde a si mesmo. Gostaria de convidá-los a refletir sobre isso.

A confiança na ação do Espírito Santo nos deve impulsionar sempre a andar e anunciar o Evangelho, ao corajoso testemunho da fé; mas além da possibilidade de uma resposta positiva ao dom da fé, há também o risco de rejeição ao Evangelho, do não acolhimento ao encontro vital com Cristo. Santo Agostinho já colocava este problema em seu comentário da parábola do semeador: "Nós falamos – dizia – lançamos a semente, espalhamos a semente. Existem aqueles que desprezam, aqueles que reprovam, aquelas que zombam. Se nós temos medo deles, não temos mais nada a semear e no dia da ceifa ficaremos sem colheita. Por isso venha a semente da terra boa" (*Discurso sobre a disciplina cristã*, 13,14: PL 40,677-678).

A recusa, portanto, não pode nos desencorajar. Como cristãos somos testemunhas deste terreno fértil: a nossa fé, mesmo com nossos limites, mostra que existe a terra boa, onde a semente da Palavra de Deus produz frutos abundantes de justiça, de paz e de amor, de nova humanidade, de salvação. E toda a história da Igreja, com todos os problemas, demonstra também que existe a terra boa, existe a semente boa, e traz fruto.

Mas perguntemo-nos: de onde atinge o homem aquela abertura do coração e da mente para crer no Deus que se fez visível em Jesus Cristo morto e ressuscitado, para acolher a sua salvação, de forma que ele e seu Evangelho sejam o guia e a luz da existência? Resposta: nós podemos crer em Deus porque ele se aproxima de nós e nos toca, porque o Espírito Santo, dom do Ressuscitado, nos torna capazes de acolher o Deus vivo.

A fé então é primeiramente um dom sobrenatural, um dom de Deus. O Concílio Vaticano II afirma: "Para que se possa fazer este ato de fé, é necessária a graça de Deus que previne e socorre, e são necessários os auxílios interiores do Espírito Santo, o qual mova o coração e o volte a Deus, abra os olhos da mente, e doe 'a todos doçura para aceitar e acreditar na verdade'" (Constituição Dogmática *Dei Verbum*, n. 5).

Na base do nosso caminho de fé está o Batismo, o sacramento que nos doa o Espírito Santo, fazendo-nos tornar filhos de Deus em Cristo, e marca o ingresso na comunidade de fé, na Igreja: não se crê por si próprio, sem a vinda da graça do Espírito; e não se crê sozinho, mas junto aos irmãos. A partir do Batismo cada crente é chamado a reviver e fazer própria essa confissão de fé, junto aos irmãos.

A fé é dom de Deus, mas é também ato profundamente livre e humano. O *Catecismo da Igreja Católica* o diz com clareza: "É impossível crer sem a graça e os auxílios interiores do Espírito Santo. Não é, portanto, menos verdade que crer é um ato autenticamente humano. Não é contrário nem à liberdade nem à inteligência do homem" (n. 154). Mas as implica e as exalta, em uma aposta de vida que é como um êxodo, isso é, um sair de si mesmo, das próprias seguranças, dos próprios esquemas mentais, para confiar na ação de Deus que nos indica a sua estrada para conseguir a verdadeira liberdade, a nossa identidade humana, a verdadeira alegria do coração, a paz com todos.

Crer é confiar com toda a liberdade e com alegria no desenho providencial de Deus na história, como fez o patriarca Abraão, como fez Maria de Nazaré. A fé, então, é um consentimento com o qual a nossa mente e o nosso coração dizem o seu "sim" a Deus, confessando que Jesus é o Senhor. E esse "sim" transforma a vida, abre a estrada para uma plenitude de significado, a torna nova, rica de alegria e de esperança confiável.

Caros amigos, o nosso tempo requer cristãos que foram apreendidos por Cristo, que cresçam na fé graças à familiaridade com a Sagrada Escritura e os Sacramentos. Pessoas que sejam quase um livro aberto que narra a experiência da vida nova no Espírito, a presença daquele Deus que nos sustenta no caminho e nos abre à vida que nunca terá fim.

DICAS EDUCATIVAS

A fé abre os horizontes da vida humana para a dimensão transcendente que não se limita às nossas necessidades imediatas e ativa as raízes mais interiores de um ser. A perspectiva da vida eterna confere um sentido mais pleno à nossa existência, determina a finalidade de nossa existência no mundo e esclarece-nos por que estamos aqui, para onde vamos e quem nos guia.

Tais indagações fundamentam nossa ação em todos os setores da vida humana: o sentido do outro em nossa vida, a necessidade de fazer o bem, os valores... A fé influencia especialmente o código de ética que assumimos como regra de vida. Coloca-se na ordem dos valores que priorizamos, no sentido que adquire o outro em nossos relacionamentos. Essa orientação nos possibilita prestar atenção ao que de fato constrói a pessoa: a solidariedade, a justiça, a fraternidade, o respeito e a cidadania.

Daí a importância de se cultivar uma fé evangélica, livre das manipulações e ao mesmo tempo capaz de dar pleno sentido à vida, longe de subterfúgios como drogas, álcool e outros vícios que venham a preencher o vazio de uma vida banalizada pelo consumismo desenfreado.

3º encontro

A fé da Igreja[1]

Objetivo

Problematizar a postura de fé dos responsáveis para que sejam testemunhas de fé com os crismandos.

Reflexão

Proclamar: At 2,22-24.29-36 – O anúncio de Pedro.

A fé é um dom, porque é Deus que toma a iniciativa e vem até nós; e assim a fé é uma resposta com a qual nós o acolhemos como fundamento estável da nossa vida. É um dom que transforma a existência, porque nos faz entrar na mesma visão de Jesus, o qual age em nós e nos abre ao amor a Deus e aos outros.

Vamos refletir sobre algumas perguntas: a fé tem um caráter só pessoal, individual? Diz respeito só à minha pessoa? Vivo a minha fé individualmente?

Decerto, o ato de fé é eminentemente pessoal, o qual se realiza no íntimo mais profundo e marca uma mudança de direção, uma conversão pessoal: é a minha existência que recebe uma mudança, uma orientação nova.

---

[1] BENTO XVI. "A fé da Igreja: nossa fé é verdadeiramente pessoal somente se é também comunitária". Audiência 31/10/2012. In: Dariva, Noemi. *Celebrando a fé*, pp. 68-73. Os subtítulos foram acrescentados com finalidade didática.

A fé do Batismo

Na Liturgia do Batismo, no momento das promessas, o celebrante pede para manifestar a fé católica e formula três perguntas: Credes em Deus Pai Todo-Poderoso? Credes em Jesus Cristo, seu único Filho? Credes no Espírito Santo?

Antigamente estas perguntas eram dirigidas pessoalmente a quantos deveriam receber o Batismo, antes de os imergir três vezes na água. E também hoje a resposta é dada no singular: "Creio". Mas este meu crer não é o resultado de uma minha reflexão solitária, nem o produto de um meu pensamento, mas é fruto de uma relação, de um diálogo, no qual há um ouvir, um receber e um responder; é o comunicar com Jesus que me faz sair do meu "eu" fechado em mim mesmo para me abrir ao amor de Deus Pai. É como um renascimento no qual me descubro unido não só a Jesus, mas também a todos os que caminharam e caminham na mesma senda; e este novo nascimento, que se inicia com o Batismo, continua por todo o percurso da existência.

Não posso construir a minha fé pessoal num diálogo privado com Jesus, porque a fé me é doada por Deus através de uma comunidade crente que é a Igreja e, dessa maneira, me insere na multidão dos crentes numa comunhão que não é só sociológica, mas radicada no amor eterno de Deus, que em si mesmo é comunhão do Pai, do Filho e do Espírito Santo, é Amor trinitário.

> A nossa fé só é deveras pessoal se for também comunitária: só pode ser a minha fé se viver e se mover no "nós" da Igreja; se for a nossa fé, a fé comum da única Igreja.

Rezar o Creio

Aos domingos, durante a Santa Missa, recitando o "Credo", nós nos expressamos em primeira pessoa, mas confessamos comunitariamente a única fé da Igreja. O "Credo" pronunciado singularmente se une ao de um imenso coro no tempo e no espaço, no qual cada um contribui, por assim dizer, para uma polifonia concorde na fé. O *Catecismo da Igreja Católica* resume de modo claro: "Crer" é um ato eclesial. *A fé da Igreja precede, gera, apoia e nutre a nossa fé.* A Igreja é a Mãe de todos os crentes. "Ninguém pode dizer que tem Deus como Pai se não tiver a Igreja como Mãe" (São Cipriano). Portanto, a fé nasce na Igreja, conduz para ela e vive nela. É importante recordar isto.

Primeiro anúncio da fé

No início do acontecimento cristão, quando o Espírito Santo desce com poder sobre os discípulos, no dia de Pentecostes – como narram os Atos dos Apóstolos (cf. 2,1-13) –, a Igreja nascente recebe a força para atuar a missão que lhe foi confiada pelo Senhor ressuscitado: difundir o Evangelho em todos os cantos da terra, a Boa-Nova do Reino de Deus, e, desse modo, guiar todos os homens para o encontro com ele, para a fé que salva. Os Apóstolos superam todos os temores proclamando o que tinham ouvido, visto, experimentado pessoalmente com Jesus.

Pelo poder do Espírito Santo, iniciam a falar línguas novas, anunciando abertamente o mistério do qual foram testemunhas. Depois nos Atos dos Apóstolos é-nos referido o grande discurso que Pedro pronuncia precisamente no dia de Pentecostes. Ele começa com um trecho do profeta Joel (3,1-5), referindo-o a Jesus, e proclamando o núcleo central da fé cristã: Aquele que beneficiou todos, que foi reconhecido junto de Deus com prodígios e sinais importantes, foi pregado na cruz e morreu, mas Deus ressuscitou-o dos mortos, constituindo-o Senhor e Cristo. Com ele entramos na salvação definitiva anunciada pelos profetas e quem invocar o seu nome será salvo (cf. At 2,17-24). Ao ouvir estas palavras de Pedro, muitos se sentiram pessoalmente interpelados, arrependeram-se dos próprios pecados e fizeram-se batizar, recebendo o dom do Espírito Santo (cf. At 2,37-41). Assim se iniciou o caminho da Igreja, comunidade que transmite este anúncio no tempo e no espaço, comunidade que é o Povo de Deus fundado na nova aliança, graças ao sangue de Cristo, e cujos membros não pertencem a um particular grupo social ou étnico, mas são homens e mulheres provenientes de todas as nações e culturas. É um povo "católico", que fala línguas novas, universalmente aberto a acolher todos, além dos confins, abatendo todas as barreiras. Diz São Paulo: "Não há mais grego nem judeu, nem circunciso nem incircunciso, nem bárbaro nem cita, nem escravo nem livre, mas Cristo, que é tudo em todos" (Cl 3,11).

Portanto, desde os primórdios a Igreja é o lugar da fé, da transmissão da fé, o lugar no qual, pelo Batismo, imergimos no Mistério Pascal da Morte e da Ressurreição de Cristo, que nos liberta da prisão do pecado, nos doa a liberdade de filhos e nos introduz na comunhão com o Deus trinitário. Ao mesmo tempo, estamos imersos na comunhão com os outros irmãos e irmãs de fé, com o inteiro Corpo de Cristo, tirados do nosso isolamento. O Concílio Vaticano II recorda: "Deus quis salvar e santificar os homens não individualmente nem sem qualquer vínculo entre si, mas quis constituir com eles um povo, que o reconhecesse na verdade e o servisse fielmente" (*Lumen gentium*, n. 9). Mencionando ainda a Liturgia do Batismo, vemos que na conclusão das promessas nas quais expressamos a renúncia ao mal e repetimos "creio" às verdades da fé, o celebrante declara: "Esta é a nossa fé, esta é a fé da Igreja que nos gloriamos de professar em Jesus Cristo nosso Senhor". A fé é virtude teologal, doada por Deus, mas transmitida pela Igreja ao longo da história. O próprio São Paulo, escrevendo aos Coríntios, afirma que lhes comunicou o Evangelho que por sua vez também ele tinha recebido (cf. 1Cor 15,3).

Há uma corrente ininterrupta de vida da Igreja, de anúncio da Palavra de Deus, de celebração dos Sacramentos, que chega até nós e à qual chamamos Tradição. Ela dá-nos a garantia de que cremos na mensagem originária de Cristo, transmitida pelos Apóstolos. O núcleo do anúncio primordial é o evento da Morte e Ressurreição do Senhor, do qual brota todo o patrimônio da fé. Diz o Concílio: "A pregação apostólica, que está exposta de um modo especial nos livros inspirados, devia conservar-se até o fim dos tempos, por uma sucessão contínua" (*Dei Verbum*, n. 8). Desse modo, se a Sagrada Escritura contém a Palavra de Deus, a Tradição da Igreja a conserva e transmite-a fielmente, para que os homens de todas as épocas possam aceder aos seus imensos recursos e se enriqueçam com os seus tesouros de graça. Assim, a Igreja "na sua doutrina, na sua vida e no seu culto transmite a todas as gerações tudo o que ela é, tudo o que ela acredita" (ibidem).

A fé da Igreja

Enfim, gostaria de realçar que é na comunidade eclesial que a fé pessoal cresce e amadurece. É interessante observar como no Novo Testamento a palavra "santos" designa os cristãos no seu conjunto, mas certamente nem todos tinham as qualidades para serem declarados santos pela Igreja. Que se desejava então indicar com este termo? O fato de que os que tinham e viviam a fé em Cristo ressuscitado foram chamados a tornar-se um ponto de referência para todos os outros, pondo-os assim em contato com a Pessoa e com a Mensagem de Jesus, que revela a face do Deus vivo. E isto vale também para nós: um cristão que se deixa guiar e plasmar gradualmente pela fé da Igreja, não obstante as suas debilidades, os seus limites e dificuldades, torna-se como uma janela aberta à luz do Deus vivo, que recebe esta luz e a transmite ao mundo. O Beato João Paulo II, na Encíclica *Redemptoris missio*, afirmava que "a missão renova a Igreja, revigora a fé e a identidade cristã, dá-lhe novo entusiasmo e novas motivações. É dando a fé que ela se fortalece!" (n. 2).

Portanto, a tendência hoje difundida a relegar a fé na esfera do privado contradiz a sua própria natureza. Precisamos de uma Igreja para confirmar a nossa fé e fazer experiência dos dons de Deus: a sua Palavra, os Sacramentos, o apoio da graça e o testemunho do amor. Assim o nosso "eu" no "nós" da Igreja poderá sentir-se, ao mesmo tempo, destinatário e protagonista de um evento que o supera: a experiência da comunhão com Deus, que funda a comunhão entre os homens. Num mundo no qual o individualismo parece regular as relações entre as pessoas, tornando-as cada vez mais frágeis, a fé chama-nos a ser Povo de Deus, a ser Igreja, portadores do amor e da comunhão de Deus por todo o gênero humano (cf. *Gaudium et spes*, n. 1).

DICAS EDUCATIVAS

Os responsáveis poderão questionar sua postura de fé e perguntar-se por que o sacramento da Crisma é importante para os seus filhos?

Ter presente que a fé não se resume apenas no ato celebrativo do sacramento, mas a mentalidade nova que gera o Evangelho é decisiva para que este momento sacramental marque a pessoa por toda a sua vida gerando outra maneira de encarar o mundo.

Neste caminho, o testemunho vivido em casa é a base para se criar a pretendida convicção de fé. Por isso, os genitores e aqueles que acompanham os jovens devem avaliar sua vivência de fé e levá-la muito a sério.

4º encontro

Explicação do Creio[1]

OBJETIVO

Aprofundar os artigos do Creio para professá-los convictamente na vida e na comunidade de fé.

REFLEXÃO

Nos primeiros séculos, os que pediam para ser cristãos se preparavam durante algum tempo para receber o Batismo. Dentre outras coisas, era-lhes explicado o Creio, ou seja, os tesouros que a fé em Jesus contém. A seguir, eles o proclamavam diante de todos os cristãos para expressar que a crença deles era exatamente igual à da comunidade que os recebia. No século III já há documentos escritos que nos transmitem o Creio mais antigo.

Creio em Deus Pai Criador

Deus é todo-poderoso. Bastou querer, e tudo apareceu. Desde o início da criação, Deus colocou na natureza um conjunto de leis, uma força pela qual foram formando-se aos poucos os astros e, na terra, as montanhas, os rios, as cachoeiras. Surgido o primeiro ser vivo, dele formaram-se por evolução – também esta uma lei criada por Deus – as plantas, os animais, o homem. No ser humano, fez surgir a inteligência para descobrir por si

---

[1] Transcrição livre de: AZEVEDO, Walter Ivan. *Explicação do Creio e do sacramento da Crisma*. São Paulo, Paulinas, 2012.

mesmo essas leis da natureza; e a vontade para praticar o amor e a solidariedade para com todos os seres e, assim, participar da sua felicidade.

Os cientistas foram descobrindo que o mundo e o universo tiveram um começo. Esse começo foi obra de Deus. Com uma finalidade: a harmonia entre todos os seres como fonte de felicidade.

Deus é Amor. Deus nos criou à sua imagem e semelhança. O pecado foi obra do ser humano. É a negação do amor e fonte de infelicidade para todos. A Bíblia, que não pretende ensinar verdades científicas, traz a narração simbólica da história de Adão e Eva, Caim e Abel. É a história de todos nós: no pecado de Adão e Eva estão representados nosso orgulho, rebeldia, egoísmo e desamor. No de Caim, a nossa inveja, ódio e violência.

Creio em Jesus Cristo, seu único Filho

Jesus é homem como nós. Recebeu corpo e alma humanos, trabalhou com mãos humanas na oficina de Nazaré, amou-nos com coração humano. Por isso, experimentou as emoções, sentiu fome, sede, frio e cansaço; e até mesmo medo diante da morte. Mas superou esse medo ao aceitar a vontade do Pai (veja Mc 14,36). Ao mesmo tempo declarou e mostrou que é Deus. Um só Deus como e com o Pai. Demonstrou isso não só pelos numerosos milagres, mas pela sabedoria de sua doutrina e pela sua própria ressurreição.

Pela fé acreditamos que aquele homem pobre, humilde e aparentemente fraco, descrito pelos Evangelhos, é realmente o Filho de Deus, conforme o próprio Pai o declarou no momento do batismo de João e da transfiguração (veja Mc 1,9-11 e 9,7).

Nasceu de Maria Virgem

Quando a Virgem Maria respondeu ao anjo Gabriel: "Sim, eu quero o que Deus quer. Faça-se em mim a sua vontade", aconteceu o estupendo mistério da *Encarnação*: o Filho de Deus se fez homem no seio de Maria Santíssima (veja Lc 1,26-38).

Desde o início da Igreja, os cristãos reconheceram essa verdade da *maternidade divina de Maria*, mais tarde definida solenemente no Concílio de Éfeso, no ano 431. Mistério intimamente ligado ao da Encarnação do Filho de Deus.

Mas é também Mãe da Igreja, do povo de Deus. Apesar de tanta dignidade: mãe e virgem ao mesmo tempo, protetora materna e rainha do povo de Deus, ela não está longe de nós. Sua fé, humildade, seu trabalho de ajuda ao próximo, qualquer pessoa pode imitar. Na Ave-Maria, nós recordamos o mistério da maternidade divina pela repetição das palavras proferidas pelo anjo e por Isabel.

Padeceu sob Pôncio Pilatos, foi crucificado, morto e sepultado

Por que os inimigos procuravam matar Jesus? Porque ensinava o contrário do que eles praticavam. A sua vida honesta, pura, livre e autêntica incomodava-os como um espinho na consciência e funcionava como uma acusação constante ao procedimento deles. Mas também o odiavam por inveja. Sua bondade e seus ensinamentos atraíam as multidões. Cheios de medo de perder seu prestígio religioso e político, resolveram matá-lo. Por isso, ficaram muito contentes quando Judas apresentou-se a eles, propondo entregá-lo em troca de dinheiro.

Os personagens históricos que aparecem na narração de sua paixão e morte, Anás e Caifás, Pilatos e Herodes, atestam quanto imoral e ilegal foi seu julgamento por parte dessas pessoas. Os sumos sacerdotes, por ódio, e Pilatos, por medo de perder as boas graças do Imperador Tibério, o condenaram à morte.

Ao ser executado, porém, Jesus deixou dois magníficos exemplos da grandeza de seu coração de Homem-Deus: "Pai, perdoai-lhes, porque não sabem o que fazem!", e ao ladrão arrependido: "Hoje mesmo estarás comigo no Paraíso".

Ressuscitou ao terceiro dia

Jesus está vivo. Como havia predito, ressuscitou e apareceu várias vezes aos discípulos. A ressurreição de Jesus é a base da nossa fé. São Paulo afirma com convicção: "Se Jesus não tivesse ressuscitado, nossa fé seria inútil. Seríamos os seres mais infelizes deste mundo. Cristo ressuscitou. Essa é a garantia da nossa fé" (cf. 1 Coríntios 15,17-20).

Graças à ressurreição de Jesus, nossa vida não é um beco sem saída, como é para os que não acreditam em nada depois da morte. Apostamos na certeza da vida eterna. Os cristãos são pessoas cheias de esperança. Para nós, a morte não é o fim de tudo. É um acontecimento provisório, pois a ressurreição de Cristo garante a nossa futura ressurreição, se lhe formos fiéis, como ele mesmo anunciou. Ela não permite a ninguém o desespero.

Subiu ao céu, donde há de vir para nos julgar

Desde que Jesus subiu ao céu, sua humanidade tornou-se presente junto ao Pai em corpo e alma. Assim, na pessoa dele, nossa humanidade, libertada do pecado, participa da família de Deus, a Santíssima Trindade.

Revela que, por meio da Igreja, ele veio salvar a todos os seres humanos que aderirem aos seus ensinamentos, sem distinção de nações, raças, línguas e condições de vida: "Ide, pois, fazer discípulos entre todas as nações" (Mt 28,19).

Revela-nos que ser discípulo de Jesus não quer dizer ser aluno. É ser seguidor de Jesus, imitador de seus atos e atitudes, ser fiel em transmiti-los aos outros com o testemunho da própria vida.

A frase "está sentado à direita do Pai" não significa que Jesus ocupa um lugar, um trono, mas que assumiu a condição de Mediador entre nós e o Pai. De fato, como Deus, ele é igual ao Pai, com a mesma honra, poder e autoridade. Como homem é igual a nós, fala e intercede em nome de todos nós.

Jesus julgará no fim dos tempos os nossos procedimentos secretos, pois "Não há nada de oculto que não venha a ser revelado, e não há nada de escondido que não venha a ser conhecido" (Lc 12,2).

Julgará também o que fizemos de bom e de mal para os outros, pois é a Jesus mesmo que o fazemos: "Todas as vezes que fizestes isso a um destes mais pequenos, que são meus irmãos, foi a mim que o fizestes!" (Mt 25,40). Leia o trecho todo de Mateus 25,31-46.

Creio no Espírito Santo

Igual ao Pai e ao Filho, o *Espírito Santo* pertence à mesma natureza do único Deus. Manifestou-se diversas vezes na vida de Jesus.

Por obra dele, Jesus foi concebido no seio puríssimo da Virgem Maria: "Maria, então, perguntou ao anjo: 'Como acontecerá isso, se eu não conheço homem?' O anjo respondeu: 'O Espírito Santo descerá sobre ti'" (Lc 1,35).

No batismo de Jesus no rio Jordão, o Espírito Santo manifestou-se em forma de pomba para consagrá-lo à sua missão de Salvador.

Na Transfiguração de Cristo sobre o monte Tabor, surgiu em forma de nuvem luminosa; e como fogo sobre os apóstolos no dia de Pentecostes.

Isso não quer dizer que se encarnou numa pomba ou transformou-se em nuvem ou fogo. Como é Espírito sem corpo material, escolheu essas três coisas como sinais da sua presença. Assim, os principais mistérios da vida de Jesus realizaram-se pela intervenção do Espírito Santo.

E o que faz hoje o Espírito Santo na vida da Igreja, povo de Deus? Vivifica, une e rejuvenesce a Igreja, por isso, é chamado "alma da Igreja". Por ele, a Igreja manifesta-se ao mundo.

... na Santa Igreja Católica

Pelo Batismo somos filhos de Deus, membros do povo de Deus, para que assim o humano possa participar do divino, o visível do invisível, o que é terreno do que é sobrenatural.

A Igreja, povo de Deus, é como um organismo: nela existe uma vida que, partindo de Deus, percorre os membros que a compõem. É o que Jesus ensina com a comparação da videira (cf. Jo 15,5-6). "Eu sou a videira e vós, os ramos." Assim como os ramos enchem-se de folhas, flores e frutos pela seiva que vem do tronco e distribui-se a todos, da mesma forma uma vida divina corre na existência de quem está unido a Cristo, como corre a seiva na videira. Sem essa união, somos ramos mortos e secos.

São Paulo vai mais além: nossa união com Cristo é como da cabeça com o corpo. Assim como é impossível um corpo continuar a viver separado da cabeça, também nós, cristãos, não seremos Igreja nem alcançaremos a salvação separados de Cristo e de quem o representa. Não somos apenas um grupo reunido em torno de Jesus ou de seus representantes, como se faz com um líder, pelo simples entusiasmo por suas ideias. Nossa união com ele é vital: dele, como da cabeça, é que vem a vida sobrenatural que nos vivifica como Corpo Místico, sobrenatural.

Para isso, na celebração eucarística, depois do relato da instituição da Eucaristia, o Espírito Santo é de novo invocado pelo presidente da celebração com palavras como estas: "E quando recebermos pão e vinho, o Corpo e Sangue dele oferecidos, o Espírito nos una num só corpo para sermos um só povo em seu amor".

Tudo isso, cristão, leva você a concluir que faz parte da Igreja. Feita de pessoas, não de tijolos. Unidos em comunhão, isto é, numa união íntima de intenções e de corações.

Creio na comunhão dos santos

Comunhão é comum união, união de todos. Santos é a palavra usada por São Paulo para indicar os cristãos: chamados santos, porque consagrados a Deus (cf. Rm 1,7; 1Cor 1,12; 2Cor 8,4).

A Igreja é uma grande família. Seus membros estão em três situações: os que estamos em peregrinação sobre a terra, os que estão em purificação e os que já alcançaram a glória no céu.

Aos que já estão no céu – Maria Santíssima, os santos que se salvaram –, nós damos louvor, imitação e súplica. E eles, com o mesmo amor que os distinguiram na terra, intercedem por nós.

Aos que estão em estado de purificação, que chamamos de Purgatório, nós mandamos sufrágios com Missas e orações. Eles, por sua vez, intercedem por nós, porque têm o céu garantido.

... na remissão dos pecados

Esse mistério revela-nos a misericórdia de Deus. O pecado é a negação do amor. É voltar as costas para Deus e para os outros. É escolher a nós mesmos e as coisas deste mundo, colocando-as acima de Deus. Deus não tem prazer na morte do pecador. Deus "quer que ele mude de conduta e viva" (cf. Ez 33,11).

Na vida de Jesus aparecem muitos episódios que demonstram seu grande amor e misericórdia, perdoando. Basta lembrar como ele tratou o avarento Zaqueu, a adúltera, o paralítico, Madalena e o ladrão (cf. Lc 19,8-9; Jo 6,3-11; Mt 9,2-8; Lc 7,36-50 e 23,43).

Mas agora que Jesus subiu ao céu, como faremos para alcançar o seu perdão? Ele criou o jeito. Depois de sua ressurreição, aparecendo aos apóstolos reunidos, disse: "Os pecados daqueles que vocês perdoarem, serão por mim perdoados" (cf. Jo 20,22). Estava instituindo o sacramento da Penitência.

... na ressurreição da carne e na vida eterna

Jesus disse, falando da Eucaristia: "Quem se alimenta com a minha carne e bebe o meu sangue tem a vida eterna, e eu o ressuscitarei no último dia" (Jo 6,54).

O cristão é homem de esperança. Caminha neste mundo com segurança, porque se baseia na palavra de Cristo, que não volta atrás. O céu é um "viver em Deus", em comunhão completa com ele. A felicidade eterna é a realização completa de nós mesmos, na posse do Bem supremo. E o inferno? É o terrível estado de viver eternamente sem amor. A separação eterna da felicidade.

O pecador, se não mudar de vida enquanto é tempo, retira-se voluntariamente da comunhão com Deus e com os outros. Está escolhendo para si esse final tão infeliz. "Quem não ama, permanece na morte" (1Jo 3,14). A felicidade futura constrói-se agora. Tudo o que fazemos de bom para os outros é semente de ressurreição.

Dicas educativas

No itinerário dos jovens, haverá esta mesma reflexão e a chamada celebração de entrega do Creio durante uma missa dominical para a qual os familiares serão convidados.

Eis a excelente oportunidade para que a fé seja assumida publicamente. A profissão de fé só terá sentido se partir de nossa convicção plena no tesouro que ela constitui para a nossa existência. Nada deverá se antepor a ela, cada um de nós a assume individualmente e juntos formamos a comunidade dos que creem, isto é, a Igreja. Ela é o fundamento de nossa existência e a razão de nosso destino eterno.

5º encontro
Ler e meditar a Palavra de Deus na Bíblia

OBJETIVO

Promover a leitura bíblica na família a partir dos Evangelhos para que se conheçam mais a pessoa e os ensinamentos de Jesus Cristo. Queremos suscitar nos pais e responsáveis o interesse e o amor pela Palavra de Deus, e motivá-los para a leitura cotidiana.

REFLEXÃO

Proclamar: Lc 4,14-22a ou Hb 4,12-13 ou Is 55,10-11 e partilhar o sentido no grupo.

A Bíblia é a *carta de amor* que Deus continua enviando aos seus filhos para lhes comunicar o seu carinho e convidá-los a participar de sua vida. É uma mensagem pela qual Deus quer estabelecer um diálogo de amor com os homens e mulheres de todos os tempos. Por isso, nós falamos de *Revelação*, pois neste diálogo Deus revela o seu plano de amor e, ao mesmo tempo, revela a si mesmo e a dignidade do ser humano, chamado-o a participar da intimidade de sua vida. Maravilha incomparável de nossa fé é o fato de Deus ter querido se comunicar e continuar se comunicando com os homens e mulheres de todos os tempos.

Esse diálogo começa com a intervenção de Deus na história de um povo determinado, o povo Judeu e, em seguida, através do evento de Jesus de Nazaré, se estende a toda humanidade. É nele que se encarna a Palavra de Deus (Jo 1,1-5), é nele e por ele que Deus continua a falar ao mundo de uma forma definitiva e permanente (Jo 1,14; Hb 1,1-2). Em Jesus, a Palavra do Pai se torna uma pessoa, por isso os Evangelhos são o coração da Bíblia. Toda ação da Igreja encontra no anúncio desta Palavra a sua razão de ser: "Vão pelo mundo inteiro e anunciem a Boa-Nova para toda a humanidade" (Mc 16,15).

Sobre a importância da Bíblia em nossa vida, temos uma passagem muito significativa e instrutiva na Segunda Carta de São Paulo a Timóteo 3,14-17: "Quanto a você, permaneça firme naquilo que aprendeu e aceitou como certo; você sabe de quem o aprendeu. Desde a infância você conhece as Sagradas Escrituras; elas têm o poder de lhe comunicar a sabedoria que conduz à salvação pela fé em Jesus Cristo. Toda Escritura é inspirada por Deus e útil para ensinar, para refutar, para corrigir, para educar na justiça, a fim de que o homem de Deus seja perfeito, preparado para toda obra boa".

São Paulo está no fim de sua vida, e está preso por causa do Evangelho. Esta carta faz as últimas recomendações ao seu amado discípulo Timóteo, pedindo que ele *permaneça firme* naquilo *que aprendeu e aceitou como certo*, sobretudo, sabendo de quem o aprendeu: de sua mãe e de sua avó, que eram cristãs e que foram as primeiras pessoas a zelar pela sua vida de fé. Este detalhe nos diz a importância da catequese familiar: *desde criança*, desde o colo materno, Timóteo aprendeu a Sagrada Escritura, e é bom que ele se lembre disso! Este alerta é fundamental hoje, quando se muda de religião com tanta facilidade, esquecendo que a fé recebida nos foi dada como dom precioso pela Igreja e pelos pais, e como tal deve ser valorizada.

O Apóstolo passa a lembrar seu discípulo da importância da Sagrada Escritura, pois ela tem o poder de comunicar a sabedoria que conduz à salvação pela fé em Jesus Cristo. O que importa na leitura e meditação da Palavra de Deus é o encontro com a pessoa e a mensagem de Jesus. Com efeito, no coração da Bíblia encontramos a pessoa de Jesus.

Hugo de São Victor (+1114), como já tinha feito Santo Agostinho, coloca a pessoa de Jesus como ponto de convergência dos dois Testamentos: "Toda a Sagrada Escritura constitui um só livro, e este livro único é Cristo no mistério, porque toda a Divina Escritura fala de Cristo e se realiza em Cristo".[1]

O Concílio Vaticano II afirma que "A Igreja sempre venerou as divinas Escrituras, como também o próprio corpo do Senhor; sobretudo na sagrada liturgia, nunca deixou de tomar e distribuir aos fiéis, da mesa tanto da Palavra de Deus como do corpo de Cristo, o pão da vida. Sempre considerou as divinas Escrituras e continua a considerá-las, juntamente com a sagrada Tradição, como regra suprema da sua fé".[2]

Falar de "mesa" significa falar de alimento: o batizado é chamado a se alimentar, a se nutrir da Palavra de Deus, acolhê-la no coração e vivê-la onde quer que esteja. A Palavra deve conduzir à mesa da vida como continuação da mesa da Eucaristia: Palavra e Eucaristia devem ser duas constantes sempre presentes na vida do batizado.

Além de nos *comunicar a sabedoria que conduz à salvação pela fé em Jesus Cristo*, a Palavra de Deus – continua São Paulo a Timóteo – tem uma função muito importante na vida do cristão, pois ela é *útil* para:

- *ensinar* as coisas de Deus e da vida;

- *refutar* o erro;

- *corrigir* os maus comportamentos e as ideias erradas;

- *educar* na justiça.

Justamente porque *inspirada*, a Bíblia tem grande utilidade e uma particular capacidade educativa de correção e de ensino tanto na vida pessoal do batizado quanto na ação pastoral da Igreja. Isso significa que o cristão, pela leitura, meditação e vivência da Bíblia, amadurece como ser humano e como filho de Deus. Ele

---

[1] *Comentário sobre a Arca de Noé*, 8.
[2] CONCÍLIO VATICANO II. Constituição Dogmática sobre a Revelação *Dei Verbum*, 21.

aprende a fazer o bem, como convém a um homem e a uma mulher de fé. Por isso a Igreja atribui muita importância à Palavra de Deus, não só para ser lida e proclamada na liturgia, mas também como leitura, meditação pessoal e oração de cada cristão.

Como se orientar no manuseio da Bíblia?

Cada livro tem um *nome*, que pode ser:

- de uma *pessoa* (o suposto autor, como nos Evangelhos, nas Cartas dos Apóstolos);

- ou dos *destinatários* do livro (como nas Cartas: *1ª Carta aos Coríntios... aos Gálatas, carta a Tito* etc.);

- ou das *primeiras palavras* do livro (como acontece no livro do Gênesis);

- ou do *conteúdo* do livro (como no Deuteronômio, nos Salmos, nos Provérbios, ou nos Atos dos Apóstolos).

Para facilitar na identificação, o livro é indicado por uma *abreviatura* (a lista de Abreviaturas se encontra no início da Bíblia) que é igual para todas as Bíblias: Ex = Êxodo; Dt = Deuteronômio; Mt = Evangelho de Mateus; At = Atos dos Apóstolos; 1Cor = Primeira Carta aos Coríntios; Ap = Livro do Apocalipse etc. Não se assuste, isso se aprende com a prática!

Para ajudar na busca, a Bíblia (dos Judeus, Católicos e dos Protestantes) é dividida em *capítulos* e *versículos*.[3] Os *capítulos* são indicados por um número maior em negrito, no início de cada capítulo; os *versículos* são indicados por números pequenos.

A seguir, alguns exemplos de leitura:

- *Ex 3,1-4* = Livro do Êxodo, capítulo 3º, versículos de 1 a 4 (o *hífen* une os versículos);

---

[3] Esta divisão, para facilitar a leitura e achar rapidamente as passagens, não foi feita pelos autores dos livros da Bíblia, mas muito tempo depois.

- *Ex 3,1.4* = Livro do Êxodo, capítulo 3º, versículos 1 e 4 (o *ponto* significa que são lidos somente os dois versículos indicados, 1 e 4: pulam-se o 2 e 3).

- *Lc 15,1-2.11-32* = Evangelho de Lucas, capítulo 15, versículos de 1 a 2 e de 11 ao 32.

Formação da Bíblia

A Bíblia não foi escrita de uma só vez. Os primeiros escritos datam de, mais ou menos, 900 anos antes de Cristo e os últimos são de, mais ou menos, 100 anos depois de Cristo. Portanto, é uma literatura que se desenvolveu durante mais de mil anos.

Bíblia e ciência

A Bíblia não pretende ensinar ciência, nem história, no sentido moderno da palavra. A Bíblia quer transmitir, na linguagem daquele tempo, a experiência que o povo teve de Deus. A ciência era ainda pouco desenvolvida. Por exemplo, não podemos saber pela Bíblia como foi exatamente a origem do mundo, o início da humanidade. A Bíblia não quer, nem pode, ensinar ciência. Mas é importante que descubramos a mensagem que o autor quer transmitir: a missão que Deus confia ao ser humano e sua responsabilidade neste mundo.

DICAS EDUCATIVAS

Durante o período da catequese, o catequista e os pais irão despertar no crismando uma paixão pela Palavra de Deus, suscitando nele o gosto pela leitura e meditação; incentivando-o ao belo hábito da leitura cotidiana de breves trechos. Isto deve ser feito desde cedo, assim como aconteceu com Timóteo, que, desde a infância, ainda no colo da mãe, foi introduzido no conhecimento das Sagradas Escrituras. O entusiasmo e o testemunho do catequista e dos pais são o melhor incentivo para suscitar este hábito.

Convidamos os pais e responsáveis a iniciarem a leitura da Bíblia pelos livros dos Evangelhos. Estes tratam sobre a vida e os ensinamentos de Jesus. Temos quatro autores deste gênero literário. Logo nos primeiros encontros, o crismando será estimulado a ler o Evangelho segundo Marcos para conhecer Jesus e a proposta de seguimento apresentada por este evangelista. Conhecer a pessoa e a missão de Jesus que vem ao mundo é algo que nos entusiasma e nos faz viver com mais alegria. Eis uma boa oportunidade para fazer ressoar o Evangelho de Marcos em nossa casa.

Em nossa vida cristã e na educação de nossos jovens, nada se iguala à grandeza do Evangelho. Portanto, é fundamental conhecer a vida de Jesus: sua encarnação, paixão, ressurreição; como também seus ensinamentos: parábolas, milagres, ensinamentos aos discípulos. Sem medo, vamos nos dedicar à leitura e conhecimento da vida de Jesus.

6º encontro

O Evangelho de Jesus segundo Marcos

OBJETIVO

Propor a leitura continuada dos 16 capítulos do evangelho de Marcos para que os pais ou responsáveis conheçam a pessoa e os acontecimentos da vida de Jesus e criem o hábito de ler sempre a Palavra de Deus.

REFLEXÃO

O Evangelho segundo Marcos é o mais breve dentre os três sinóticos.[1] Visa responder a três perguntas: Quem é Jesus? Qual é a sua missão? Como se tornar seu discípulo?

Esta obra inaugura no cristianismo o gênero literário denominado *evangelho*. O termo "evangelho" deriva do grego *euangélion* (*eu* significa "bom/boa" e *angélion*, "notícia/mensagem"). Evangelho é, então, o "anúncio de um acontecimento bom e extraordinário" nos lábios de quem o transmite e para os ouvidos de quem o escuta.

Os primeiros cristãos assumiram e utilizaram o termo *euangélion* para definir o *evento Jesus Cristo* na sua totalidade. *Euangélion* é a mensagem salvífica, anunciada *oralmente* e tem seu início na vida e obra de Jesus, pois Ele é a *Boa-Notícia* do

---

[1] O evangelho segundo *Mateus, Marcos* e *Lucas* são chamados *Sinóticos*. Este termo é oriundo de duas palavras gregas *syn* + *optikos* ("visão de conjunto" ou "mesmo ponto de vista"), porque possuem semelhança de material e oferecem uma ampla concordância, podendo ser dispostos para a leitura em colunas paralelas.

Pai revelada aos homens. Assim, no início, a pregação da Igreja não dizia respeito a uma notícia deixada por escrito, mas era a transmissão da experiência que brotou da fé dos Apóstolos que conviveram com a pessoa e participaram das palavras e das obras de Jesus de Nazaré.

O Novo Testamento (NT) conhece somente *o evangelho* e não o seu plural, *evangelhos*. Evangelho é sempre uma única realidade. É uma Pessoa em sua vida e ministério: Jesus Cristo, morto e ressuscitado, anunciado e testemunhado aos homens (cf. Rm 1,1-7). 'Por esse motivo, não há diferença entre crer no que Jesus *proclama* e *anuncia* e no que Ele é, pois Ele é a Palavra de Deus que se manifesta em seu *ser* e *agir*. Não se trata, apenas, de aderir às ideias de Jesus, mas à sua pessoa.'[2]

Euangélion é uma pregação oral eficaz. É uma Palavra Viva, que deve ressoar no mundo de forma agradável e eloquente para quem a escuta. O principal objetivo dessa pregação é proporcionar o encontro do homem com a pessoa de Jesus Cristo, o Verbo feito carne (Jo 1,1-18), e provocar a adesão ao plano salvífico do Pai que n'Ele se revela e por Ele se realiza.

A passagem do *âmbito oral* ao *âmbito escrito* constituirá uma fase sucessiva, ocorrida depois de uns trinta ou quarenta anos após o evento da Páscoa de Jesus. *Euangélion*, a partir disso, começará a designar um *gênero literário* (cf. Mc 1,1).

Em linhas gerais, tem-se a seguinte aplicação para o termo:

- *Evangelho* é a Boa-Notícia anunciada pelo próprio Jesus aos ouvintes de sua época (cf. Mc 1,14-15 e paralelos; Lc 18,29).

- *Evangelho* é o próprio Jesus; conteúdo do anúncio e Pessoa se inter-relacionam (cf. Mc 8,35).

- *Evangelho* é a pregação dos apóstolos sobre Jesus e sua obra salvífica (cf. At 28,31; Cl 1,26-27); eles ensinam tudo o que diz respeito ao Filho de Deus, a partir da sua vitória sobre a morte: sua Ressurreição e Ascensão aos céus.

---

[2] CNBB. *Discípulos e servidores da Palavra de Deus na missão da Igreja.* São Paulo, Paulinas, 2012, n. 18. (Documentos da CNBB 97).

- *Evangelho*, enfim, é a passagem do anúncio oral das *Palavras* e dos *Fatos* de Jesus para o Livro que contém tais *Palavras* e *Fatos*, a fim de que todas as gerações conheçam, amem e adiram ao Salvador.

Autoria

Marcos não figura na tradição da Igreja como um dos apóstolos, mas como um discípulo e um direto colaborador, em especial de Pedro, que o chama *meu filho* (*A eleita como vós, que está em Babilônia, vos saúda, e meu filho Marcos* – 1Pd 5,13), e de Paulo, que, da sua prisão por causa de Jesus e do seu evangelho, reclama a presença e a atuação de Marcos no ministério (*Só Lucas está comigo. Toma Marcos e traze-o contigo, pois me será útil para o ministério* – 2Tm 4,11).

Marcos tornou-se um fiel discípulo de Jesus Cristo e membro atuante em sua Igreja, companheiro de missão junto a Pedro e a Paulo, fazendo parte da primeira geração dos discípulos e missionários do evangelho.

Destinatários

O segundo evangelho parece que foi escrito para convertidos pouco familiarizados com o ambiente e com as tradições judaicas.

Lugar e data

Conforme uma antiga tradição, o Evangelho segundo Marcos teria sido escrito em Roma, lugar final da atividade apostólica de Pedro (cf. 1Pd 5,13).

As sequências narrativas

Marcos não quis fazer uma *crônica* sobre Jesus, mas encontrou um modo de apresentar a sua identidade *em duas etapas*, unidas pela célebre *confissão de Pedro* em Cesareia de Filipe (cf. Mc 8,27-30). Jesus, em sua identidade e missão, revela-se *o messias* que realiza o Reino de Deus pela total obediência.

Primeira etapa: Jesus e as multidões

Nota-se a relação de Jesus com as multidões, que compreendem muito pouco do seu "ensinamento" sobre o Reino de Deus.[3] Por causa dessa "incompreensão", no Evangelho segundo Marcos os fatos são privilegiados. Os feitos de Jesus, mais do que os discursos, atestavam melhor o Reino de Deus para os destinatários.

Todavia, apesar de Jesus realizar vários milagres, ele busca ocultar e preservar o seu messianismo do perigo de não ser bem entendido pelo povo e até pelos próprios discípulos. Esse "ocultamento" é chamado *segredo messiânico* (cf. Mc 1,33-34; 3,12; 5,43; 7,36; 8,26).

Narração

- **1,1-13**: Preparação: ministério de João Batista que vem do deserto para preparar os caminhos do Messias.

- **1,14–8,26**: Ministério de Jesus por toda a Galileia.

- **1,14-15**: Nota fundamental do anúncio e ministério de Jesus: "*Cumpriu-se o tempo, e o Reino de Deus está próximo. Arrependei-vos e crede no Evangelho*" (cf. Os 14,2-9).

- **1,16-45**: Vocação dos primeiros discípulos; anúncio de Jesus feito com autoridade e confirmado pelos milagres realizados.

- **2,1–3,6**: Série de conflitos envolvendo as lideranças religiosas que, já no início, decidem condenar e matar Jesus.

- **3,7–4,41**: O ministério prossegue, mas cresce a oposição a Jesus. Alguns ensinamentos são feitos por meio de parábolas e evidenciam que o Reino vem revelado aos discípulos e não a quem se opõe ao evangelho. A fé dos discípulos é provada na tempestade, que oferece a ocasião para mostrar o estupor deles, mas também serve para alargar a missão de Jesus.

---

[3] A categoria teológica "Reino de Deus" é uma característica do evangelho proclamado por Jesus, que irrompe na história não como um "lugar geográfico", mas como a ação total de Deus na vida de uma pessoa. Dizer "Reino de Deus" equivale a dizer que "Deus reina" na vida da pessoa que a ele adere. Em Jesus, o Reino é pleno e sem dicotomias, pois Jesus realiza, plenamente, a vontade de Deus.

- **5,1–8,26**: Em territórios pagãos, Jesus realiza prodígios que servem de ensinamento e de preparação para a missão dos doze. O martírio de João Batista revela e atesta o seu carisma profético diante de Herodes.

Segunda etapa: Jesus e os seus discípulos

A segunda etapa está ligada à Judeia e em particular à capital, Jerusalém, onde o ministério de Jesus é consumado. Esta etapa pode ser dividida em dois momentos: (a) a viagem rumo a Jerusalém (cf. Mc 10,32-52); (b) os eventos em Jerusalém (cf. Mc 11,1–16,8.9-20).

Os discípulos, por primeiro, são os que devem reconhecer e compreender o significado do messianismo assumido por Jesus (cf. Mc 8,27-33). Por isso, Jesus lhes fala, abertamente, sobre o centro da sua missão, paixão e morte, entendendo a natureza e a razão última do ministério. O ponto culminante da revelação messiânica acontecerá em duas fases ou momentos: (a) durante o processo de condenação de Jesus diante do Sumo Sacerdote (cf. Mc 14,60-62); (b) no momento da sua morte de cruz diante do centurião (cf. Mc 15,39).

- **8,27–10,52**: Em Cesareia de Filipe, bem ao norte de Israel, Pedro proclamará que Jesus é o Cristo (= Messias). A intenção do evangelho dirige o ouvinte-leitor a fixar-se sobre a paixão, pois após a confissão seguem três anúncios (cf. Mc 8,31; 9,31; 10,32-34).

- Ao lado da confissão de Pedro, a transfiguração de Jesus antecipa e manifesta a sua glória para três discípulos. Nesta seção, encontram-se diversos ensinamentos de Jesus sobre o seguimento e o discipulado. Estes aparecem enquadrados por duas curas de cegos (cf. Mc 8,22-26 e 10,46-52), simbolizando a dificuldade que os discípulos possuem para se deixar iluminar (uma referência ao batismo?), alcançar o destino e o objetivo do ensinamento do Mestre (Mc 10,35-45 exemplifica o fato).

- **11,1–16,8**: Início do ministério em Jerusalém: o templo figura no centro da narrativa.

- **11,1–12,44**: As atitudes de Jesus no templo aparecem como um novo sinal profético (cf. Jr 26) e fundamentam os novos conflitos e controvérsias com as autoridades judaicas.

- **13,1-37**: A predição da destruição do templo abre espaço para as novas instruções sobre as lutas que a comunidade sofrerá enquanto aguarda a consumação dos tempos.

- **14,1–15,47**: O início da narrativa sobre a Paixão tem por base a conspiração dos Sumos Sacerdotes (Anás e Caifás), que leva Jesus à morte pelas mãos de Pilatos.

- **16,1-8**: O evangelho termina não com os discípulos, mas sim com as mulheres que descobrem o túmulo vazio e recebem a tarefa de anunciar a vitória de Jesus sobre a morte aos discípulos e a Pedro. O temor e o medo, porém, dominam a cena.

- **16,9-20**: Este final canônico está de acordo com os limites estabelecidos por Pedro na ocasião em que tomou a palavra sobre a sucessão de Judas Iscariotes (cf. At 1,21-22; 10,41), mas nota-se, claramente, a interferência lucana, parecendo um resumo do final do terceiro evangelho.[4]

DICAS EDUCATIVAS

Ler e comentar o Evangelho em casa deveria ser algo mais que natural na vida do cristão. No entanto, acabamos ignorando a vida, a missão e o destino de glória do Salvador, que, afinal de contas, se trata do nosso destino e da nossa missão neste mundo,

---

[4] Este encontro é uma transcrição livre de: FERNANDES, Leonardo Agostini. Introdução ao Evangelho segundo Marcos. In: FERNANDES, Leonardo Agostini; GRENZER, Matthias. *Evangelho segundo Marcos*; eleição, partilha e amor. São Paulo, Paulinas, 2012. pp. 29-34.

pois o discípulo não pode ter uma vida e um fim diferentes do mestre. Jesus é o Caminho, a Verdade e a Vida.

A falta do sentido da vida, a banalização dos costumes e as contínuas novidades midiáticas acabam distraindo, muitas vezes, a família daquilo que é o essencial para a humanização da vida de seus membros. O Evangelho aporta os valores essenciais para que ela se eduque e cresça no diálogo, no perdão, na gratuidade e na doação. Esta é a melhor escola para crescermos como filhos e filhas de Deus. Daí a insistência para que os Evangelhos sejam conhecidos, rezados e vividos em casa.

7º encontro

O Reino de Deus e a família

Objetivo

Ajudar os crismandos a assimilar a relação entre o Reino do Deus-Pai, a Igreja (grande família dos filhos e filhas de Deus) e a família (igreja doméstica).

Reflexão

A história de Jesus de Nazaré da Galileia tem seu ponto de partida em uma realidade profundamente humana, que é a família. O Novo Testamento nos dá notícia de sua concepção no ventre materno de uma mulher que vivia em Nazaré da Galileia chamada Maria. Ela estava prometida em casamento a um homem também de Nazaré chamado José.

Qual foi a motivação para que Deus-Pai decidisse enviar o Filho. A resposta é a radical gratuidade do amor do Pai: "Deus amou tanto o mundo, que entregou o seu Filho único, para que todo o que nele crê não pereça, mas tenha a vida eterna" (Jo 3,16).

E chegou *a plenitude dos tempos* (Gl 4,4). Deus Pai enviou ao mundo seu Filho Jesus Cristo, Senhor nosso, Deus verdadeiro nascido do Pai antes de todos os séculos e homem verdadeiro nascido da Virgem Maria por obra do Espírito Santo. A figura feminina é a mediação humana que torna possível a entrada do Filho na história, segundo a expressão paulina *nascido de uma mulher* (Gl 4,4). A maternidade humana é vinculada à paternidade de Deus-Pai. O envio e o nascimento do Filho acabam sendo a superação do distanciamento entre o divino e o humano.

O Filho enviado pelo Pai, ao nascer no ventre materno da mulher, no coração da família, do mundo e da história, tem como missão instaurar o Reino de Deus já neste mundo. Mas o Reino de Deus não é algo mágico, fantasioso, fatalista ou que acontece na casualidade dos acontecimentos históricos. Se assim o fosse, o Reino não seria um projeto, e sim uma aventura sem sentido para o destino da vida do ser humano. Assim como Jesus Cristo não é um mito, mas um personagem histórico, também o Reino de Deus é um projeto inserido dentro do caminhar histórico do ser humano.

A chegada do Reino acontece com a chegada do Filho Deus na história, pois o Reino é de fato de Deus-Pai; o Filho é por assim dizer o portador do Reino, o sujeito que faz com que o Reino se cumpra na história do ser humano.

Proclamar: Lc 17,20-21 – O Reino de Deus está no meio de vós.

Mt 6,28-33 – Buscai primeiro o Reino de Deus.

DICAS EDUCATIVAS

A gratuidade amorosa de Deus-Pai, o qual toma a iniciativa de enviar o seu Filho amado para ser educado em um ambiente marcado pelos relacionamentos familiares, deverá ser fonte de vida para nossa família. Esta última deverá ser o lugar e o tempo de cultivo de relacionamentos firmados na gratuidade do amor, na beleza do diálogo, no exercício da capacidade de perdoar, na disponibilidade do serviço e do compromisso responsável.

O anúncio do Reino de Deus proclamado por Jesus Cristo é acompanhado pela ação de instaurá-lo, ou seja, concretizar, realizar, implantar, construí-lo na história e no mundo. As palavras e os gestos proféticos de Jesus Cristo vão ao encontro das estruturas religioso-culturais de seu tempo para humanizá--las, isto é, recolocá-las a serviço da dignidade do ser humano. A organização social, política e econômica já não podia ser organizada de forma desumana, a serviço da destruição da vida dos empobrecidos-excluídos. Implantar o Reino na história acabou implicando um caminho de conflito para Jesus. Foi o conflito entre a justiça do Reino e as situações de injustiça que conduziu Jesus à morte. É o conflito entre os sinais do Reino (misericórdia, justiça, fraternidade, perdão, reconciliação, amor incondicional) e os contrassinais (preconceito, falta de misericórdia, injustiça, não fraternidade, falta de perdão e desamor) que insiste em impedir que o projeto de Deus seja concretizado.

Segundo o Evangelho de Marcos 1,15, Jesus afirma que o Reino está próximo e, para acolhê-lo, nos resta a atitude constante e contínua de conversão e adesão à Boa-Nova. No horizonte da vida familiar cabe a nós questionarmo-nos: Como as novas relações advindas do Reino permeiam aquelas entre marido e esposa, entre pais e filhos, família e amigos? "Pois o Reino de Deus não é comida e bebida, mas é justiça e paz e alegria no Espírito Santo" (Rm 14,17).

8º encontro
O Pai-Nosso: a oração da família

Objetivo

Perceber o Pai-Nosso como a oração ensinada por Jesus Cristo que mostra o sentido da paternidade de Deus e da fraternidade cristã.

Reflexão

Proclamar: *Mt 6,4-14 – Quando orardes, não multipliqueis as palavras.*

A oração do Pai-Nosso, elaborada na comunidade de Mateus, é a versão adaptada que passou a ser rezada na celebração eucarística da Igreja. Nela, encontramos a afirmação de que o Pai é "nosso". A invocação tem um sentido comunitário, familiar, coletivo, e quer expressar um conteúdo de fé que deverá ir amadurecendo na consciência do cristão.

A seguir diz "que estais nos céus". É uma maneira de reafirmar que a presença de Deus é sempre misteriosa, oculta e, por isso, só é perceptível pela via da fé. Os céus são a morada de Deus por indicar sua absoluta transcendência em relação a nós, que temos a terra como moradia. O sentido expressa que ele está acima de todas as coisas, por ser o Criador de tudo. Essa diferença entre o Criador e as criaturas é um ensinamento fundamental em toda a Bíblia e quer dizer uma distância não geográfica, mas sim qualitativa. O Deus-Criador-Pai não se confunde com as criaturas por ele criadas.

A seguir, a oração apresentada por Mateus fala da "vontade" de Deus-Pai, a qual deve começar a ser feita na terra como no céu. Primeiramente, quem reza ao Pai deve estar sintonizado com sua vontade e não com "vontades" mesquinhas, egoístas, interesseiras, que podem nos afastar do projeto do Reino. É importante dar-se conta de que a vontade do Pai começa na terra à medida que a assumimos e praticamos.

A terra (morada do ser humano) em hipótese alguma está separada do céu (morada de Deus-Pai). Os dois termos céu e terra querem traduzir a totalidade da realidade: Deus mora ou habita a totalidade do mundo, sua criação.

A vontade do Pai é que o Reino seja a ligação ou sinal de que a terra pertence ao céu e este pertence à terra. O céu e a terra (a totalidade da criação) pertencem a Deus e foram colocados à disposição do ser humano.

Todo esse projeto deve ser guiado conforme a vontade do Pai, que começa na terra, pois o Reino tem seu início no tempo e no espaço da história construída pelo ser humano. No entanto, o Reino tem como direção e rumo sua plenitude no céu, o qual aponta para sua realização definitiva.

O definitivo do Reino, em conformidade com a vontade do Pai, busca que sua plenitude alcance a totalidade de tudo aquilo que existe: terra e céu. A morada de Deus-Pai será, então, a morada de todos os seus filhos e filhas, e a consumação do Reino resultará na configuração definitiva da grande família em torno do único Pai.

DICAS EDUCATIVAS

O Pai-Nosso traz o conteúdo original da fé cristã em uma dimensão doutrinária e orante para a vida do cristão. Encerra o belíssimo ensinamento de Jesus Cristo sobre a paternidade de Deus, que é Pai de todos. Ensina-nos o relacionamento fraternal que deve marcar a vida do cristão através da misericórdia e do perdão, o qual confere originalidade ao cristianismo como religião e, por conseguinte, à vida do cristão. E não é uma oração vazia ou separada da vida, mas sim oração que traduz uma atitude diante do mistério do Deus-Pai e do mistério do ser humano.

A oração é um elemento essencial da vida cristã e, portanto, inseparável da experiência de cada dia. Nela o cristão é sempre desafiado a fazer a leitura dos sinais de Deus nos acontecimentos de sua vida. Já em suas origens a Igreja colocou o Pai-Nosso como a oração inspiradora de todas as outras formas de oração através das quais podemos nos dirigir a Deus. O Pai-Nosso é rezado como preparação para o sacramento por excelência, a Eucaristia. Por sua vez, a celebração da Eucaristia tem como conteúdo o projeto do Reino de Deus-Pai, resumido na oração do Pai-Nosso.

O dinamismo do Pai-Nosso nos remete ao Pai comum. Os laços do Reino nos irmanam e superam os vínculos da carne. A urgência do Reino e a vontade do Pai nos revelam o caminho de Cristo; como doação e entrega aos outros, fazem-nos compreender a convivência familiar não fechada em si mesma, segundo seus interesses. O Reino do Pai nos chama a uma missão maior, que certamente começa em casa, mas alarga nossa visão e nos leva a acolher o pobre, o excluído. O aconchego da família deve ser cultivado, mas deverá abrir para a acolhida de muitos outros.

9º encontro

Formamos a Igreja

OBJETIVO

Apresentar a identidade da Igreja, delinear o papel do leigo e mostrar a comunidade paroquial e suas pastorais.

REFLEXÃO

Estabelecer um diálogo com o grupo sobre a Igreja. Analisar as luzes e as sombras da vida comunitária paroquial a fim de ampliar a visão sobre a Igreja (ela é mais do que o templo físico e as limitações de seus membros) e ajudá-los a perceber por que a comunidade é fermento no meio do mundo, de que mensagem é portadora, que serviços oferece (anúncio da esperança, serviço aos doentes, orientação às pessoas, diversas pastorais etc.) e qual o papel que nos cabe em sua edificação como templo de pedras vivas.

Será muito proveitoso contar com a presença e a participação de agentes pastorais e principalmente do pároco para explicar a organização do conselho e o plano paroquial com seus objetivos e metas.

Jesus, ao iniciar sua missão, escolhe doze apóstolos (cf. Mt 10,1-4), primeiramente para estarem com ele e depois para levarem a Boa-Nova a Israel e a todas as nações. É a nova comunidade dos discípulos de Jesus que, acreditando nele, são convocados a viver e anunciar a Boa-Nova de Cristo.

O Espírito deixado por Cristo tem a missão de continuar no mundo a obra de Cristo. Nela o Reino se manifesta, pois continua a ação de Cristo neste mundo pela força do Espírito Santo. Por isso foi derramado sobre a Virgem e os apóstolos em forma de fogo (cf. At 2,1-13). E o próprio Cristo Ressuscitado disse: "Recebereis uma força, a do Espírito Santo, que descerá sobre vós, e sereis minhas testemunhas em Jerusalém e até os confins do mundo" (At 1,8).

A Igreja, o povo de Deus que confia em Cristo, manifesta a fé em Deus pela força do Espírito Santo. A presença do Espírito Santo faz com que a Igreja seja santa e garanta que sua liturgia (oração, sacramentos e sacramentais), o anúncio da Palavra e o serviço da caridade sejam verdadeiros e tornem presente a ação de Deus neste mundo.

Proclamar: *1Cor 12,12-15.27-28 – Um só corpo, muitos membros.*

O Batismo é a porta de entrada para fazer parte da Igreja de Cristo, porque somos enxertados nele como membros do seu Corpo e participamos de sua Páscoa como membros do novo Povo de Deus. A Igreja é a assembleia dos convocados em nome do Senhor para serem sinal de sua presença no mundo mediante a mesma fé, participando dos mesmos sacramentos (mesmo Batismo) e unidos de coração no amor de Cristo.

Toda a catequese tem a missão primeira de formar o corpo eclesial de Cristo, isto é, a Igreja. O povo de Deus reunido na fé do Ressuscitado conta com a força do Espírito Santo para superar seus pecados e divisões e formar o corpo cuja cabeça é o próprio Cristo.

A Igreja não é somente o que aparece externamente. Nela há uma vida escondida que empurra, move e vivifica: o Espírito invisível que habita em cada um de nós anima-nos e nos fortalece para superar as debilidades de nossa carne e formar um só corpo, uma só comunidade.

Edificar a comunidade

Nossa comunidade quer ser um lugar de vivência concreta do Evangelho, onde de fato possamos encontrar alegria, fé, esperança e muito espírito fraterno. Aqui, todos temos o mesmo valor, gozamos da mesma dignidade de filhos de Deus e podemos participar igualmente: "Para que possam ser aquele sinal de unidade e paz que o mundo procura, as comunidades precisam cultivar as atitudes da acolhida, da misericórdia, da profecia e da solidariedade [...]; deverão destacar-se como referencial de vida e esperança, sobretudo para os mais pobres [...]. As paróquias [...] cultivem particular solicitude para receber e introduzir na vida comunitária as pessoas [...] que se reaproximam da vida eclesial".[1]

O católico participa de sua comunidade de fé. Colabora para seu crescimento. A comunidade é lugar e comunhão de pessoas com acertos e erros: "Os leigos podem, de diversos modos, ser chamados a uma cooperação mais imediata com o apostolado da hierarquia, à semelhança daqueles homens e mulheres que ajudavam o apóstolo Paulo no Evangelho, trabalhando muito no Senhor".[2]

Assim, há aqueles cristãos, como nossos catequistas, que se dedicam ao anúncio explícito da Palavra. Neles, encontramos muita generosidade e entrega, pois dedicam seu tempo e saber para o crescimento da comunidade.

Todos somos convidados a assumir uma postura madura, consciente e responsável diante da fé. A Boa-Nova nos leva ao testemunho e ao anúncio de tudo o que Deus realizou por nós. Pedro e João nos alertam, "é certo que não podemos calar o que vimos e ouvimos" (At 4,20). A caridade de Cristo nos impele a tomar uma atitude que resulte em um bem maior para todo o Povo de Deus. Não podemos assumir diante dos acontecimentos e injustiças que nos cercam uma atitude de indiferença.

Transformar o mundo

O Concílio Vaticano II valorizou a participação do leigo na vida da Igreja. O serviço do cristão não se limita a determinadas áreas da missão da Igreja, como, por exemplo, o âmbito do culto, da palavra ou da coordenação da comunidade. Afirmou que o

---

[1] CNBB. *Missão e ministérios dos cristãos leigos e leigas*. São Paulo, Paulinas, 1999. nn. 115, 117 (Documentos da CNBB, n. 62).

[2] CONCÍLIO VATICANO II. Constituição *Lumen Gentium*. 20. ed. São Paulo, Paulinas, 2007. n. 33c.

campo próprio de ação do leigo é a transformação do mundo em seus desafiantes setores: o trabalho, a sociedade, a família em suas novas relações entre seus membros e com a sociedade moderna etc. Enfim, é como se os leigos olhassem o mundo da janela da Igreja e se perguntassem: Como ser mais cristão na sociedade? Como anunciar a palavra e ser sal e luz neste mundo?[3]

Esclarecemos que a palavra "leigo" designa o cristão e membro da Igreja, a pleno título, que vive o Evangelho no mundo. Devemos evitar a conotação pejorativa que o termo assumiu em nossa sociedade ("desconhecedor") e usar também equivalentes ao sentido primeiro: cristãos ou católicos.[4]

Há alguns organismos da cidade que favorecem uma consciência maior do ser cristão e profeta, pois são entidades que organizam politicamente a cidadania. Recordemos alguns deles: os vários conselhos de direitos, da criança e do adolescente, do idoso, da assistência social, do patrimônio histórico etc. Eles desempenham as políticas básicas que a cidade estabelecerá para enfrentar os grandes problemas. Não podemos deixar de mencionar o grande papel dos pais e responsáveis na vida escolar, especialmente a pública; mais do que se lamentar, vale a pena lutar pelo ensino gratuito e de qualidade.

Há também o envolvimento de muitos cristãos nas chamadas pastorais sociais, que atendem à necessidade de muitos irmãos que passam por graves dificuldades. Elas colaboram para conscientizar a comunidade de fé e a sociedade sobre a situação de injustiça e de pecado social a que diariamente submetemos nossos irmãos.

É meritória e reconhecida internacionalmente a ação da pastoral da criança, que já salvou a vida de muitos bebês em áreas de extrema carência. Outras pastorais atuam com igual vigor: a pastoral da saúde, do menor (que exerceu grande papel na elaboração do *Estatuto da Criança e do Adolescente*), da mulher marginalizada etc. Ao lado dessas, inclui-se o magnífico trabalho das ONGs católicas que atendem uma porção considerável de excluídos sob a coordenação de religiosos e religiosas dedicados

---

[3] Cf. ibid., nn. 36b, 33b.
[4] Cf. CNBB. *Missão e ministérios dos cristãos leigos e leigas*, cit., n. 109.

a esse ministério, nas quais sobressai a atuação silenciosa e competente de um batalhão de cristãos.

O Evangelho de Cristo deve permear todas as estruturas. Maximamente alcançar as estruturas decisórias da vida da cidade, do estado e do país, tendo como meta tão somente o bem comum, visando sobretudo aos mais pobres e injustamente privados de políticas e de recursos.

DICAS EDUCATIVAS

Durante o catecumenato foi apresentado aos jovens o trabalho que a comunidade realiza, em forma de estágio (visitas, festividades, celebrações, reuniões, trabalhos pastorais) para aguçar-lhes a curiosidade de conhecer sua comunidade paroquial, dar-se conta da necessidade de sua participação.

Também esse estágio se estendeu aos conselhos de cidadania locais. O acompanhamento e valorização dos familiares é imprescindível para que os jovens crismandos se tornem missionários nos ambientes em que estão inseridos, adquiram consciência da cidadania e engajem-se na transformação da sociedade.

10º encontro

A Crisma

OBJETIVO

Conhecer como a celebração do sacramento da Crisma leva o fiel a participar da salvação em Cristo a fim de que possa continuar em sua vida a graça trazida pelo Espírito.

REFLEXÃO

Iniciar com um canto. Para motivar a reflexão, pode-se usar o DVD sobre a Crisma (encartado no Livro do catequista).

Proclamar: *Mt 3,13-17 – O Batismo de Jesus.*

Jesus Cristo recebe o Espírito Santo em seu Batismo. Os discípulos e Maria recebem esse dom e são consagrados como discípulos do Senhor Ressuscitado. Deus envia o Espírito Santo sobre Jesus Cristo. Esse mesmo Espírito é enviado sobre seus discípulos, que participam de seu ministério sacerdotal, régio e profético.

Quando a Confirmação é celebrada em separado do Batismo, a liturgia do sacramento começa com a renovação das promessas do Batismo e com a profissão de fé dos crismandos. Assim aparece com maior clareza que a Confirmação está unida ao Batismo.

Em seguida, o bispo estende as mãos sobre o conjunto dos confirmandos, gesto que, desde os apóstolos, é sinal de comunicação do dom do Espírito, que completaria a graça do Batismo (cf. At 8,15-17; 19,5ss).

Já no início da Igreja, para melhor significar o dom do Espírito Santo, acrescentou-se à imposição das mãos uma unção com óleo perfumado: o óleo do santo crisma. Essa unção ilustra o nome de "cristão", que significa "ungido" e que tem origem no próprio nome de Cristo, ele que "Deus ungiu com o Espírito Santo" (At 10,38).[1] Constitui o rito essencial do sacramento do Crisma, o qual confere o Espírito Santo através da unção com o santo crisma na fronte do crismando pelo bispo.

Se olharmos a Bíblia, o significado da unção é rico. O óleo é sinal de abundância e de alegria. Ele purifica as pessoas antes e depois do banho, por exemplo. Torna a pessoa mais ágil (unção dos atletas e dos lutadores), é sinal de cura (ameniza as contusões e as feridas) e faz irradiar beleza, saúde e força.

Todos esses significados primeiros têm seu sentido no sacramento da Confirmação. A unção crismal é o sinal de uma consagração. Portanto, "pela Confirmação, os cristãos, isto é, os que são ungidos, participam mais intensamente da missão de Jesus e da plenitude do Espírito Santo, de que Jesus é cumulado, a fim de que toda a vida exale o bom odor de Cristo".[2]

Por essa unção o crismando recebe o "selo", a "marca", do Espírito Santo. Esse selo do Espírito Santo marca a pertença total a Cristo, para sempre, bem como a promessa da proteção divina.

DICAS EDUCATIVAS

O sacramento não é unicamente um ponto de chegada, mas sua recepção significa o início de uma etapa de vida muito mais próxima de Cristo e de sua Igreja. A maturidade que se requer de quem celebra o sacramento é aquela de ser testemunha com seus atos e palavras das atitudes que Cristo teria nos tempos de hoje.

As três etapas (Batismo, iniciação à Eucaristia e Crisma) concorrem para uma finalidade só: formar a identidade cristã, isto é, alcançar a maturidade em Cristo (cf. Ef 4,13). "Ser cristão significa

---

[1] Cf. *Catecismo da Igreja Católica*. São Paulo, Paulinas, 1998. nn. 1288-1289.
[2] Ibid., n. 1294.

conhecer a pessoa de Jesus Cristo, fazer opção por ele, unir-se a tantos outros que também o encontraram e, juntos, trabalhar pelo Reino e por uma nova sociedade".[3] Por isso, "o cristão se identifica com aquele que é o 'bom samaritano', que socorre [...] toda vítima inocente do mal do mundo, sem se perguntar sobre a raça ou a religião dele. Ele cura inúmeras pessoas [...], traz uma palavra de esperança aos pobres e reparte o pão com eles [...], acolhe e perdoa os pecadores. Ele é misericordioso. Estende a mão para levantar o caído, acolhe com abraço o que volta arrependido e vai ao encontro do afastado. Devolve o ser humano às suas tarefas, às suas responsabilidades e à sua dignidade."[4]

Eis a meta que devemos alcançar com a iniciação. Para essa finalidade concorrem cada um dos sacramentos, o processo catecumenal e a posterior vivência na Igreja. O importante é que o cristão adquira uma personalidade segundo os traços do Evangelho e tenha atitudes coerentes com a vida nova que experienciou nos sacramentos e na Palavra.

---

[3] CNBB. *Evangelização da juventude*; desafios e perspectivas pastorais. São Paulo, Paulinas, 2007. n. 52. (Documentos da CNBB, n. 85).
[4] Ibid., n. 85.

11º encontro

A missa dominical

OBJETIVO

Retomar a importância da missa dominical como lugar do discernimento da prática da fé proclamando a Palavra e fazendo a memória da entrega do Senhor.

REFLEXÃO

Iniciar um diálogo sobre a vivência do domingo como dia de encontro da família com o Senhor, com os amigos e dia de descanso. Qual a importância atribuída pela família à participação dominical na missa?

No corre-corre de uma semana inteira, o domingo é o dia mais esperado. Também, pudera, a cidade se acalma, o trânsito diminui, é possível levantar mais tarde, passear, comer sem pressa, ajeitar as coisas em casa... Nesta lista deve estar faltando alguma coisa, pois o próprio nome Domingo sugere algo diferente da sequência: 2ª, 3ª, 4ª... feiras. Domingo vem da palavra latina *Dominus*, que quer dizer "Senhor". Portanto, é o dia do Senhor.

A fé no Senhor nos liberta desse tempo que nos envelhece e nos reconhece unicamente como seres com necessidades de comprar, comer, descansar, cuidar da saúde... O Domingo inaugura um tempo novo e sem fim, sob a égide de Cristo, que liberta a condição humana do pecado e a transfigura à imagem e semelhança do Criador.

Em cada Domingo, temos a chance de recobrar a plena dignidade de filhos e filhas de Deus a caminho de nossa condição definitiva na casa do Pai. Isto é possível porque Jesus Cristo, o Filho de Deus, se encarnou e redimiu a humanidade inteira com seu sangue derramado na cruz.

Se no Sábado, após completar sua obra, Deus descansou, na madrugada de Domingo, o seu Filho ressuscitou dos mortos, venceu a morte e devolveu a vida a toda criação. Por isso, no Domingo os cristãos fazem memória semanal do maior acontecimento da história e, assim, participam da graça do sacrifício de Cristo.

Celebrar o Domingo, antes de tudo, implica aceitar o senhorio de Cristo, daquele que de fato sacia nossa sede de vida em plenitude. Ele multiplica o pão para nós, pois é o pão vivo descido dos céus. Ele nos dá a água viva, pois como Messias possui em plenitude o Espírito Santo que nos fortalece e vivifica. Ele nos garante a vida eterna, pois é o vencedor da morte.

Para nós, cristãos, um Domingo sem a comemoração pascal do Senhor é um dia incompleto. Este é o mistério central de nossa vida que se cumpre no Senhor. Sem ele estamos privados da Salvação e do eixo norteador que orienta o rumo de nossa existência.

O memorial do Senhor

Antes de sua Paixão na cruz, Jesus reuniu-se com seus apóstolos para comemorar a Páscoa da libertação do Egito, da travessia do Mar Vermelho em busca da terra prometida, naquele momento nos deixou o memorial da Paixão que se cumpriria no dia seguinte com seu sacrifício na cruz. Ele tomou o pão e o vinho, depois de ter dado graças os distribuiu e disse: "Fazei isto em minha memória" (1Cor 11,25).

O Domingo é a nossa Páscoa semanal. Junto à comunidade de fé, nós rememoramos a entrega de Jesus e entramos em comunhão com ela pela proclamação de sua Palavra de Salvação e pelas espécies consagradas do pão e do vinho eucarísticos, sempre com a finalidade de sermos transformados pela Páscoa de Jesus.

A comunidade se reúne

Para fazer esta memória, a comunidade se reúne e se torna o primeiro sinal da presença gloriosa do Senhor em meio ao seu povo, "Pois onde dois ou três estiverem reunidos em meu nome, eu estou ali, no meio deles" (Mt 18,20). Os ritos iniciais da missa têm a finalidade de congregar o Povo de Deus como nação consagrada ao Senhor e povo de sacerdotes para predispô--lo a ouvir a Palavra do Senhor.

A celebração da Palavra

Ao sermos acolhidos na casa do Pai como família redimida, colocamo-nos em atitude de escuta e de diálogo com aquele que anuncia e cumpre sua promessa de salvação, de aliança e de plenitude de vida. O Senhor nos fala e nós atentamente o escutamos. Sua palavra transformadora realiza tudo quanto promete, pois o Senhor não volta atrás quando diz que nos perdoa, nos cura, nos abençoa, nos alimenta e nos concede o seu Espírito Santo.

Na celebração, quando se proclamam as Escrituras, é o mesmo Cristo quem as lê para nós. Certa vez, o Senhor leu publicamente na sinagoga de Nazaré a profecia de Isaías: "O Espírito do Senhor está sobre mim, pois ele me ungiu, para anunciar a Boa-Nova aos pobres: enviou-me para proclamar a libertação aos presos e, aos cegos, a recuperação da vista [...]. Depois, fechou o livro, entregou-o ao ajudante e sentou-se. Os olhos de todos, na sinagoga, estavam fixos nele. Então, começou a dizer-lhes: 'Hoje se cumpriu esta passagem da Escritura que acabastes de ouvir'" (Lc 4,18.20-21).

Percebemos que a profecia trata de ações contundentes: devolver a visão aos cegos, libertar os cativos... a Palavra é ação libertadora que Jesus cumpre em nosso tempo e em nosso favor – *hoje*. Eis a importância de abraçar com as duas mãos tudo o que a Palavra nos oferece, pois ela não mente nem nos ilude com falsas promessas. Queremos sim, andar, ver, ser libertos e viver plenamente. Tal é o tesouro que Jesus Cristo, Palavra do Pai, nos oferece na celebração.

Liturgia eucarística

O segundo grande movimento da missa é a liturgia eucarística. Inicialmente, *apresentamos os dons do pão e do vinho* como representantes de toda a criação que se destinam a ser o que todo ser criado espera: ser cristificado. Eles são sinais da oferta do trabalho humano que plantou as sementes, colheu os frutos e transformou-os em alimento e agora são testemunhas da oferenda da vida e do trabalho de cada um dos participantes na mesa do Senhor.

Segue a grande *oração de louvor e ação de graças* que o ministro ordenado profere em nome de toda a Igreja. Ele agradece o Pai que nos criou e nos deu este mundo tão belo; agradece-o especialmente por nos ter enviado seu Filho Jesus que, morrendo na cruz, nos redimiu de todo mal e nos alcançou a salvação. Diante deste reconhecimento, a oração une o coro desta assembleia peregrina com o da Igreja gloriosa que canta o hino diante do trono do Cordeiro junto à Virgem Maria, aos apóstolos, mártires e todos os santos.

Esta oração é concluída com a oferta de Cristo ao Pai que une a si sua Igreja (todo o povo celebrante) e se apresenta ao Pai: "Por Cristo, com Cristo, em Cristo, a vós Deus Pai todo-poderoso...". A assembleia responderá com o canto do Amém. Isto é, a comunidade celebrante faz suas as palavras da oração até então proferidas pelo ministro ordenado. Une-se, decididamente, a Cristo que é o Amém para a glória do Pai.

A oferenda de si mesma só é completada quando a comunidade comunga o sacrifício do corpo e do sangue do Senhor e se torna um só corpo e um só espírito com o Senhor.

Ritos finais

Santificada pelo Espírito, a comunidade celebrante é enviada a continuar no altar do coração o culto do Senhor. O culto em espírito e verdade acontece com as boas obras que o cristão realiza pela força do Espírito Santo em continuidade ao culto dominical.

Dicas educativas

Os antigos já diziam: a gratidão é a virtude que mais orna o coração do jovem. No círculo familiar, de amizades e de trabalho, há a necessidade de nos reeducarmos para essa virtude de reconhecer as pessoas que nos fazem o bem, de cultivar a memória de seus gestos generosos e de expressar, sem temor e com palavras e gestos, nossa alegria e gratidão.

O domingo, dia em que Cristo ressuscitou, por excelência, tornou-se o dia de ação de graças ao Pai por ter criado o mundo, nos colocado nele e porque seu Filho, morrendo na cruz, salvou-nos da malícia do pecado, do mal e da morte. Há dois mil anos, os cristãos se reúnem neste dia para celebrar a Eucaristia, como culto de ação de graças e de oferenda da própria vida em comunhão com o sacrifício de Cristo.

Se ao longo da semana corremos por tantas coisas, nosso coração, convencido da misericórdia divina, terá a necessidade de celebrar um culto de ação de graças ao Senhor que nunca lhe faltou. O encontro dominical da comunidade cristã expressa bem o realismo de nossa condição humana que se sente transbordante da ternura de Deus em Cristo e, na força do Espírito Santo, eleva-lhe um sacrifício de ação de graças por todo o bem recebido.

Valorizemos o domingo como dia de encontro com o Senhor. Mais que ressaltar o cumprimento do preceito dominical, vamos nutrir nossa vida com o banquete do Senhor e centralizar a Eucaristia como eixo de todos os nossos compromissos da semana. Ao redor do domingo gira toda a vida comunitária de fé, a alegria e a esperança próprias de quem espera no Senhor.

12º encontro

A Eucaristia e a família

OBJETIVO

Retomar a importância da missa dominical como:
- *fonte de graça para viver o culto em espírito e verdade e*
- *ponto culminante da oferenda da própria vida em Cristo.*

REFLEXÃO

Iniciar um diálogo sobre o que significa a celebração pascal da Eucaristia para a sua vida?

A última ceia indica o momento no qual Jesus Cristo instituiu a Eucaristia como o sacramento por excelência. Ela expressa o significado da livre decisão de sua entrega nas mãos do Pai como cumprimento do Reino de Deus. A Igreja, ao celebrar a Eucaristia, dá um sentido sacrificial que reatualiza o momento da cruz como um compromisso que o cristão, a exemplo de Jesus Cristo, deve ir assumindo ao longo de sua caminhada.

A nossa vida cristã, bem como tudo aquilo que a Igreja é e faz, nasce da Eucaristia. "A Eucaristia é *fonte e ápice* de toda a vida cristã."[1] Se tomamos como referência a celebração de cada domingo, para ela confluem todas as coisas, porque a Eucaristia é o próprio Cristo, princípio e fim. Ali, *glorificamos a Deus* com o que realizamos durante a semana: o estudo, os sentimentos e

---
[1] *Catecismo da Igreja Católica*. São Paulo, Paulinas, 1998. n. 1324.

afetos, o relacionamento com as pessoas. Nada é mais importante e se sobrepõe à realidade de viver em Cristo; por isso ela é *ápice*. Assim, oferecemos a vida como oferenda perfeita e agradável ao Senhor.

Aclamamos na III Oração Eucarística: "Fazei de nós um sacrifício perfeito". Porque nos tornamos Corpo de Cristo, pelo Batismo, resta-nos agora viver a sua Páscoa em nossa vida. Por isso, quando Cristo é oferecido ao Pai, "por Cristo, com Cristo e em Cristo...", ele, nossa Cabeça, associa-se a seu Corpo, a assembleia orante. Assim, como oferenda, toda a nossa vida se coloca diante do Pai, na força do seu Espírito.

Ao tomarmos parte do sacrifício de Cristo pela comunhão eucarística, nos colocamos na mesma atitude de Cristo, que veio para servir e amar até doar sua vida inteira. "Na celebração da Missa os fiéis constituem o povo santo, o povo adquirido e o sacerdócio régio, para dar graças a Deus e oferecer o sacrifício, não apenas pelas mãos do sacerdote, mas também juntamente com ele, e aprender a oferecer-se a si próprios."[2]

É *fonte de santificação* porque, em cada celebração, alimenta a vida cristã com a graça do Espírito que nos acompanha ao longo da semana, possibilitando-nos realizar o culto em espírito e verdade, por meio das obras que realizamos diariamente. E, a cada celebração, vamos nos transformando naquilo que recebemos, ou seja, realizamos existencialmente a Páscoa de Cristo em nossa vida. O mistério de morte e crucifixão se realiza no dia a dia como serviço de amor para gerar a ressurreição, sempre na força do Espírito Santo.

Proclamar: *Jo 15,1-8 – Eu sou a verdadeira videira, e meu Pai é o agricultor.*

Cristo é o Pão da Vida que sacia a fome e a videira que distribui a seiva da vida em abundância (cf. Jo 6,35; 15,1). Jesus disse: "Quem come a minha Carne e bebe o meu Sangue permanece em mim e eu nele" (Jo 6,56). A forma mais profunda de se relacionar com Jesus é se alimentar com o sacramento de

---

[2] *Instrução Geral sobre o Missal Romano*, nn. 95.

seu sacrifício, para que ele permaneça em nós e, assim como os ramos estão unidos à videira, nós permaneçamos unidos a ele. Os discípulos permanecem em Cristo, ou na palavra, ou no amor; como Cristo permanece em Deus, e Deus em Cristo. A experiência de comunhão com Cristo é interpessoal.

A última ceia celebrada pela Igreja agora como Eucaristia deixada por Jesus Cristo é o sacrifício sacramental, que tem como conteúdo uma ação de graças ao Deus-Pai, uma memória viva que torna presente o sacrifício do Filho-Irmão, sendo assim a reatualização de sua própria presença sacramental na vida da comunidade de fé.

O sacramento da Eucaristia é denominado a Ceia do Senhor, pois é a convocação da família dos filhos e filhas de Deus para sentarem-se à mesa da partilha do pão e do vinho, frutos da terra e do trabalho humano. Através do significado do pão e do vinho na cultura dos judeus, Jesus Cristo quis universalizar a vontade de Deus para que todos os povos da terra encontrassem o caminho da partilha de tudo aquilo que alimenta e sustenta a vida. Portanto, a Eucaristia é o sacramento da vida para todos na mediação simbólico-real da comida e da bebida como ação que sintetiza o mais profundo da vida humana.

DICAS EDUCATIVAS

Na Eucaristia, encontramos a síntese do que significa o compromisso de vida a partir da fé cristã. Celebrar a Eucaristia no domingo junto à comunidade é fazer o caminho de amadurecimento na fé, é viver a caridade e a esperança no coração do mundo e da história. A Eucaristia é o sacramento que vai educando nossas famílias na construção de um mundo mais fraterno, num verdadeiro compromisso com a irmandade entre as pessoas: "O pão de Deus é aquele que desce do céu e dá vida ao mundo" (Jo 6,33). Os jovens devem, agora, comungar da Eucaristia tendo consciência do significado mais amplo que implica o compromisso com a vida de todos, sobretudo, dos excluídos.

Durante a celebração litúrgica, nossa preocupação não deve ser somente intelectual. É preciso também experimentar o mistério pascal, fazendo a ligação entre a fé e a vida ("Páscoa de Cristo na páscoa da gente, a páscoa da gente na Páscoa de Cristo"), para que a Eucaristia nos impulsione a dar a vida pelos irmãos e irmãs, como fez Cristo em sua Páscoa. Ao levarmos os acontecimentos de nossa vida para a celebração, seja em pensamentos, seja nas intenções e preces que são feitas, queremos direcionar nossa vida à luz da Páscoa de Cristo. Ela é o critério fundamental para discernirmos qual é o melhor caminho a seguir. A partir do significado da Eucaristia, novos relacionamentos familiares devem ser vividos.

13º encontro
Valores humanos e cristãos

Objetivo

Ajudar a família a se conscientizar dos valores (defesa dos direitos da pessoa) e contravalores (apartação social) presentes na sociedade, motivando-a a formar sua convicção ética segundo o Evangelho.

Reflexão

Proclamar: *Gl 3,26-29 – Não há mais escravo ou livre, e todos recebemos a dignidade de filhos.*

Em uma linguagem cristã, Paulo afirma que em Cristo todas as discriminações foram superadas. Em seu Reino não há ricos ou pobres, todos somos filhos e herdeiros da plenitude da nova realidade que já desfrutamos e será plena na eternidade. Portanto, em Cristo não há barreiras sociais e são bem-aventurados aqueles que lutam contra toda sorte de separação social.

Hoje em dia, os valores humanos (amor, justiça, liberdade, respeito, fraternidade) são pouco cultivados; cria-se assim um círculo de morte que não deixa o ser humano desabrochar os dons que recebeu do Criador. Muitos colocam o lucro acima da solidariedade e da dignidade da pessoa humana. Há, também, a escravidão de alguns indivíduos nas mãos de grupos econômicos. Outro tipo de escravidão é a interior; muitas pessoas estão presas ao materialismo, à moda, ao vício e ao medo. Esse sistema de dominação colhe fartamente os frutos da superficialidade, do analfabetismo e da ignorância.

Os valores são imprescindíveis para compreendermos o mundo e nós mesmos. Servem de parâmetros para fazermos escolhas e orientarmos nossas ações. Na falta deles, é comum depararmos com dúvidas do tipo: O que devemos fazer? Como saber o que é mais importante ou urgente? Como escolher?

Hoje, há uma realidade de crise em que as questões morais e éticas se relacionam diretamente com a violência, o desrespeito, o individualismo, a busca desenfreada pelo prazer, a exclusão social e a discriminação. Para venderem seus produtos, muitas propagandas apresentam relações sociais competitivas, rudes, excludentes e violentas. A sociedade capitalista se assenta em bases materialistas, associa a felicidade à posse e deixa de lado os valores transcendentes. Propaga valores morais como "não roubar", "respeitar" e "não mentir" e, contraditoriamente, vende a ideia de dinheiro, glória, exploração e consumo como objetivos para uma vida feliz.

Nesta sociedade competitiva, milhões ficam à margem, excluídos em seus direitos mais básicos. Exclusão é "estar fora", à margem, sem possibilidade de participação na vida social. Antigamente, falava-se de pobres e de minorias que não se adaptavam ao sistema capitalista. Hoje, já é possível medir e chegar à triste conclusão de que há populações inteiras, ou seja, milhões de pessoas, que não têm nem terão acesso aos bens básicos produzidos no planeta. Acham-se excluídas do banquete da vida (da tecnologia e dos bens necessários para manter sua dignidade: moradia, transporte, educação, saúde...). Cada sociedade terá que investir muito nessas pessoas para colocá-las à altura das exigências do mercado, que descarta a mão de obra tradicional e exige uma formação cada vez mais especializada.

Dentro desse contexto, fala-se com frequência sobre ética, direitos humanos, dignidade da pessoa humana. Usando uma linguagem não religiosa, mas defensora da pessoa, a sociedade cria mecanismos de proteção dos mais fracos (por exemplo, a *Declaração Universal dos Direitos Humanos* e a *Constituição Federal*). A *Convenção Internacional para a Eliminação de todas as Normas de Discriminação Racial da ONU*, artigo 1º, ratificada pelo Brasil, diz que "discriminação racial significa qualquer distinção, exclusão, restrição ou preferência baseada na raça, cor, ascendência, origem étnica ou nacional com a finalidade ou o efeito de impedir ou dificultar o reconhecimento e/ou exercício, em bases de igualdade, aos direitos humanos e liberdades fundamentais nos campos político, econômico, social, cultural ou qualquer outra área da vida pública".

Vale lembrar que no conceito de *direitos* já está presente o de *deveres*, pois o meu direito termina onde começa o do outro.

DICAS EDUCATIVAS

Tomamos diariamente dezenas de decisões. E nós, cristãos, fazemos isso segundo os valores do Reino: solidariedade, serviço, misericórdia, perdão, amor, vida e respeito ao outro e ao meio ambiente. Converse em casa sobre esses valores: Como eles estão presentes na vida que quero viver? Quem eu quero ser?

É importante refletir também sobre a exclusão social: Por que tantas crianças e adolescentes não têm escola, casa e vivem à margem da sociedade? Por que pessoas são discriminadas por serem da raça negra ou indígena, ou por motivos econômicos, políticos, ou religiosos, ou por gênero (as mulheres)? Todo tipo de discriminação é um atentado contra a dignidade da pessoa humana. Reconheça as atitudes preconceituosas que alimentamos em nossa prática social e cotidiana, ou que assumimos em nossa maneira de falar.

Aprofunde as convicções políticas da família ao tratar de partidos políticos ou de candidatos possíveis e futuros. Quais são os conselhos de defesa da cidadania? Já tomamos conhecimento do conselho da assistência social, dos direitos da criança e do adolescente e do conselho tutelar?

Importante: o adolescente que aprende a respeitar as pessoas também saberá respeitar seus pais.

No final do encontro, o sacerdote ou um(a) catequista poderá dar a bênção da família (p. 86).

14º encontro
Ética sexual e namoro

Objetivo

Entender a sexualidade como integração de todas as potencialidades humanas, sem reduzi-la unicamente à dimensão biológica.

Reflexão

Pela encarnação do Verbo, Deus se fez carne, homem; Jesus assumiu a condição humana em tudo, exceto no pecado. Ele assumiu também a sexualidade, pois tinha sentimentos de amor, carinho, amizade, ira, solidariedade etc.

A sexualidade é uma pulsão vital, nos acompanha a vida toda; é energia, força dinâmica, geradora de vida e de dinamismo interior. Ela não ocorre integralmente e de uma vez no ser humano; é uma realidade dinâmica, vivenciada desde o nascimento até a morte. Vai muito além do genital (biológico), pois pode chegar ao *agápe* (comunhão com os outros).

A sexualidade se situa no centro da pessoa. Não temos sexo; somos seres sexuados. Muitos estudiosos costumam distinguir diversos níveis na sexualidade. Falam de *sexo, eros, filia e agápe*. O nível do *sexo* refere-se mais diretamente aos caracteres biológicos da sexualidade; o *eros*, aos elementos psicológicos (o desejo); a *filia*, o amor interpessoal, a amizade; e o *agápe* abre o ser humano a Deus, que é amor. Vale a pena repetir: não temos uma sexualidade e afetividade, mas somos uma sexualidade e afetividade.

Proclamar: *Jo 19,31-37 – Um soldado golpeou-lhe o lado, e imediatamente saiu sangue e água.*

Todas as formas de amor têm a sua medida no amor redentor de Cristo na cruz, capaz de nos amar até o fim e nos dar a própria vida. Somos chamados a amar como Cristo, sem ser interesseiro e não esperando retribuição.

A relação heterossexual deve ser uma linguagem de amor e, ao mesmo tempo, uma realização do amor humano. Ela não deve guiar-se unicamente pela força do impulso biológico, pois se tornaria distorcida do ponto de vista ético como um comportamento sexual inautêntico que compromete a realização do amor humano.

A vivência da sexualidade acontece no tempo de namoro, na vida matrimonial, no celibato. O tempo do namoro é bonito e gostoso quando se vive o encanto da descoberta do(a) outro(a). O carinho, afeto, respeito, conhecimento etc., que vão acontecendo na vida dos dois, são maneiras de eles se encontrarem e se conhecerem. O encanto do encontro e da descoberta de que amo e sou amado(a), de receber e oferecer carinho, de trocas de atenção, vai criando nos dois o desejo de se unirem de forma duradoura. Portanto, o amor que se alimenta e se exprime no encontro do homem e da mulher é também dom de Deus.

Deus é amor e por primeiro nos amou. Fomos criados à imagem desse amor e por isso somos chamados a ele. Amamos nossos pais, familiares, amigos..., até um dia esse amor encontrar uma direção, um nome, um "você". O ser humano, com efeito, é chamado ao amor como espírito encarnado, isto é, alma e corpo na unidade da pessoa.

O uso da sexualidade como doação física tem a sua verdade e atinge o seu pleno significado quando é expressão da doação pessoal do homem e da mulher até a morte (Matrimônio). "As relações íntimas devem-se realizar somente no quadro do Matrimônio, porque só então se verifica o nexo inseparável, querido por Deus, entre o significado unitivo e o significado procriativo de tais relações, colocadas na função de conservar, confirmar e expressar uma definitiva comunhão de vida – *uma só carne* (Mt 19,5) – mediante a realização de um amor 'humano', 'total', 'fiel', 'fecundo', isto é o amor conjugal. Por isso as relações sexuais fora do contexto matrimonial constituem uma desordem grave, porque são expressão reservada a uma realidade que ainda não existe; são uma linguagem que não encontra correspondência na realidade da vida das duas pessoas, ainda não constituídas em comunidade definitiva com o necessário reconhecimento e garantia da sociedade civil e, para os cônjuges católicos, também religiosa."[1]

DICAS EDUCATIVAS

Levantamento feito por uma organização internacional mostra que o Brasil está em quarto lugar no *ranking* de países com maior número de páginas na internet sobre pornografia e pedofilia. A preocupação dos pais leva alguns até a contratar detetives para vigiar os filhos. Em casa, muitos também estão preocupados com o acesso irrestrito à internet. Por isso, é cada vez mais comum o bloqueio de determinadas páginas. Ana Maria Drummond, coordenadora de uma ONG internacional, orienta os pais sobre o uso da rede com os filhos: "Navegar junto, estar junto acompanhando. Estabelecer regras que sejam factíveis na realidade dos jovens. E, acima de tudo, conversar".[2]

A sexualidade abre o tema do uso da liberdade com responsabilidade. Eis a difícil arte de ajudar os jovens a disporem de sua liberdade assumindo as consequências de seus atos. Vale mais prevenir do que remediar. Vivemos uma liberdade sexual desenfreada, facilitada por todos os meios, que se esquece com facilidade da triste realidade dos altíssimos números de adolescentes grávidas, dos abortos provocados e do abuso sexual. A mesma

---

[1] CONGREGAÇÃO PARA A EDUCAÇÃO CATÓLICA. *Orientações educativas sobre o amor humano*; linhas gerais para uma educação sexual. São Paulo, Paulinas, 1983. nn. 61-62, 94-95.
[2] *Jornal Hoje*/TV Globo, terça-feira, 14 de agosto de 2007.

sociedade que propala uma sensualidade sem limites costuma voltar as costas no momento de apoiar os futuros pais.

A Igreja tem alertado sobre a propaganda fácil do uso de preservativos, que reduz a sexualidade unicamente à relação sexual com alguma segurança de contágio de doenças ou de anticoncepção.

A postura dos pais e responsáveis, nessa matéria, é preponderante. Mais que discursos, é preciso dar testemunho. Quanto menos consumistas e quanto mais as situações familiares forem permeadas pelos valores cristãos, tanto mais a sexualidade encontrará seu curso natural. O clima de valorização da integridade de toda a pessoa, de abertura e diálogo, ainda é a melhor forma de ajudar os jovens a formarem suas convicções. Muito contribuirá a crítica sobre a futilidade de vários programas veiculados na televisão, o consumismo das marcas e mesmo a superficialidade das relações entre as pessoas, que levam diretamente à banalização do sexo.

15º encontro

As drogas

Objetivo

Identificar o ser humano segundo o desígnio do Criador para fundamentar suas relações com os irmãos e com todo o criado, e promover o debate conscientizador dos malefícios da droga à luz da novidade de vida que Cristo vem trazer.

Reflexão

Apresentar o depoimento de pessoas que passaram pelo processo de recuperação de dependência química; ou apresentar os 10 passos do NA (Narcóticos Anônimos) ou do AA (Alcoólicos Anônimos). Comentar sobre a existência de ONGs da região que tenham a finalidade de prevenção ou tratamento terapêutico.

Proclamar: *Gn 1,27-28; 2,15 – À imagem de Deus o criou.*

Jo 10,10.14-15 – Eu vim para que todos tenham vida.

Por ser criado à imagem de Deus, o ser humano tem a dignidade de *pessoa*: não é apenas alguma coisa, mas alguém capaz de conhecer-se, de doar-se livremente e entrar em comunhão com outras pessoas. É chamado, por graça, a uma aliança com seu Criador, a oferecer-lhe uma resposta de fé e de amor que ninguém mais pode dar em seu lugar. Deus criou tudo para o homem, mas o homem foi criado para servir e amar a Deus e oferecer-lhe toda a criação.[1] Jesus eleva a condição humana, redime-a do pecado e quer que todos vivam em plenitude a realidade nova do Reino que ele inaugurou. Tudo o que destrói a pessoa é contrário a seu plano.

A dignidade da pessoa é continuamente violentada pelas drogas. Estas últimas são substâncias químicas, naturais ou sintéticas, que provocam alterações psíquicas e físicas a quem as consome e levam à dependência física e psicológica. Seu uso sistemático traz sérias consequências físicas, psicológicas e sociais, podendo levar à morte em casos extremos. É o que se chama overdose. Os especialistas também incluem na lista das drogas o cigarro e o álcool.

Os adolescentes estão entre os principais usuários de drogas. Calcula-se que 13% dos jovens brasileiros entre 16 e 18 anos consomem maconha. Os consumidores de cocaína são os que mais procuram tratamento para se livrar da dependência, o qual é feito por meio tanto de psicoterapias quanto do uso de antidepressivos. Atualmente, cerca de 5% dos brasileiros são dependentes químicos de alguma droga. O uso de drogas é crime previsto no *Código Penal Brasileiro,* e os infratores estão sujeitos a penas que variam de seis meses a dois anos.

Ao recorrer às drogas (como os psicotrópicos, inclusive o tabaco e o álcool) para aliviar as tensões do cotidiano, muita gente transforma seus sonhos em pesadelo. Ao provocarem dependência, as drogas tornam-se uma doença da sociedade atual, atingindo principalmente indivíduos menos protegidos ou em condições psicológicas fragilizadas. À medida que aumenta o estresse cotidiano, aumenta a demanda por uma válvula de escape, ainda que ilusória. Entram em jogo as forças do mercado oferecendo drogas por meios lícitos (farmácias, bares e supermercados) ou ilícitos (tráfico). Mesmo sendo todos vítimas diretas ou indiretas do sistema das drogas (acidentes de trânsito envolvendo motoristas alcoolizados, doenças causadas pelo fumo, roubos e assassinatos por adictos às drogas, ação corruptora do narcotráfico no poder

---

[1] Cf. *Catecismo da Igreja Católica.* São Paulo, Paulinas, 1998. nn. 357-358.

público), não temos conseguido reagir adequadamente e dar-lhe um combate eficaz. Por quê?[2]

Pesquisas revelam que o aumento da violência e da criminalidade, especialmente nos centros urbanos, está diretamente ligado ao desemprego, à distribuição desigual da riqueza e ao narcotráfico.

DICAS EDUCATIVAS

Converse com seu filho(a) sobre a grandeza da criação Divina, sobre o plano original de Deus de querer que nos relacionemos como irmãos, seja em relação aos demais seres humanos, seja em relação à natureza. Qual é a responsabilidade do ser humano ao prosseguir a obra criadora do Pai com o gênio de suas invenções? Constatamos grandes contrastes: de um lado temos a tecnologia avançada e, do outro, pessoas numa situação de miséria e fome. É possível viver neste mundo buscando a fraternidade universal, assim como queria Francisco de Assis?

Como podemos cooperar com o criador? Plantando uma árvore, não poluindo os rios, não jogando lixo na rua (latas, papéis etc.), cuidando da natureza, não matando animais.

O melhor modo de combater as drogas é a prevenção. Informação, educação e diálogo com os filhos são apontados como o melhor caminho para impedir que adolescentes se viciem. Converse com seu filho(a) sobre os malefícios das drogas. Faça uma avaliação do seu comportamento em casa, do uso de medicamentos, do consumo de bebidas alcoólicas dentro e fora de casa. Verifique os locais que os jovens frequentam etc.

---

[2] Cf. OLIVEIRA, Pedro A. Ribeiro de. *Campanha da Fraternidade 2001*; drogas: por quê? www.cf.org.br/cf2001/subsidios/drogaspq.shtml.

Bênção da família[1]

O rito aqui oferecido pode ser usado por sacerdote, diácono ou leigo; neste caso, obedecendo-se aos ritos e orações previstos.

Conservando-se sempre os elementos mais importantes do presente rito, podem-se escolher algumas partes para adaptar a celebração às condições do lugar e das pessoas da família.

Ministro: Em nome do Pai... A graça e a paz de Deus, nosso Pai, e de Jesus Cristo, nosso Senhor, estejam convosco.

Todos: Bendito seja Deus, que nos reuniu no amor de Cristo.

O **ministro** com estas palavras ou outras semelhantes:

Prezados irmãos e irmãs, a família recebeu pelo sacramento do Matrimônio a graça de Cristo e uma vida nova. Invocamos nesta celebração a bênção do Senhor, para que os membros de cada família sejam sempre, entre si, colaboradores da graça e mensageiros da fé nas diversas circunstâncias da vida. Com a ajuda de Deus havereis de cumprir vossa missão, harmonizando vossas vidas com o Evangelho, para que assim possais apresentar-vos no mundo como testemunhas de Cristo.

Proclama-se um texto da Sagrada Escritura.

1Cor 12,12-14 – Todos os membros formam um só corpo.

Ef 4,1-6 – Suportando-vos uns aos outros com caridade.

Rm 12,4-16 – Com amor fraterno, tendo carinho uns para com os outros.

1Cor 12,31b–13,7 – Hino ao amor-caridade.

---

[1] *Ritual de bênçãos.* São Paulo, Paulinas/Vozes, 1990. nn. 40-61.

Se for oportuno, o ministro dirige a homilia para levá-los a entender, pela fé, o sentido da celebração.

Ministro: Supliquemos humildemente ao Cristo Senhor, Palavra eterna do Pai, que, enquanto esteve entre os homens, se dignou viver em família e cumulá-la de bênçãos celestes, para que olhe com bondade por esta família, e digamos:

Todos: Senhor, guardai a nossa família na vossa paz.

Leitor: Vós que, sendo obediente a Maria e a José, consagrastes a vida familiar, santificai estas famílias com a vossa presença.

Todos: Senhor, guardai a nossa família na vossa paz.

Leitor: Tivestes zelo pelas coisas do Pai; fazei que em toda família Deus seja servido e honrado.

Todos: Senhor, guardai a nossa família na vossa paz.

Leitor: Apresentastes a vossa sagrada família como admirável exemplo de oração, de amor e obediência à vontade do Pai; santificai com vossa graça estas famílias e dignai-vos abençoá-las com os vossos dons.

Todos: Senhor, guardai a nossa família na vossa paz.

Leitor: Amastes os vossos pais e fostes por eles amado; consolidai todas as famílias na paz e na caridade.

Todos: Senhor, guardai a nossa família na vossa paz.

Leitor: Em Caná da Galileia, alegrastes o nascimento de uma família com o vosso primeiro milagre, transformando água em vinho; aliviai as dores e aflições desta família, e transformai-as suavemente em alegria.

Todos: Senhor, guardai a nossa família na vossa paz.

Leitor: Dissestes velando pela unidade da família: "O que Deus uniu, o homem não separe"; conservai estes cônjuges cada dia mais fortemente unidos pelos laços do vosso amor.

Todos: Senhor, guardai a nossa família na vossa paz.

Pai nosso...

Ministro: Ó Deus, criador e misericordioso salvador do vosso povo, vós quisestes fazer da família, constituída pela aliança nupcial, o sacramento de Cristo e da Igreja; derramai copiosa bênção sobre estas famílias, reunidas em vosso nome, a fim de que os que nelas vivem num só amor possam, com fervor e constância na oração, ajudar-se uns aos outros em todas as necessidades da vida e mostrar sua fé pela palavra e pelo exemplo. Por Cristo, nosso Senhor.

Todos: Amém.

O ministro asperge as famílias com água benta.

Ministro: O Senhor Jesus, que morou em Nazaré com sua família, permaneça sempre em vossa família, defendendo-a de todo mal, e vos conceda ser um só coração e uma só alma.

Todos: Amém.

Canto final.

Bênção da casa[1]

O rito aqui oferecido pode ser usado por sacerdote, diácono ou leigo; neste caso, obedecendo-se aos ritos e orações previstos.

Conservando-se sempre os elementos mais importantes do presente rito, podem-se escolher algumas partes para adaptar a celebração às condições do lugar e das pessoas da família.

Ministro: Em nome do Pai... O Deus, a quem glorificamos a uma só voz, nos conceda, pelo seu Espírito, termos uns pelos outros um só sentimento, conforme Jesus Cristo.

Todos: Amém.

O **ministro** com estas palavras ou outras semelhantes:

Caríssimos irmãos, vamos dirigir uma fervorosa oração a Cristo, que se dignou nascer da Virgem Maria e habitou entre nós, para que também se digne entrar sob este teto e abençoar com sua presença esta casa. Que o Senhor Jesus esteja aqui no meio de vós, alimente em vós a caridade fraterna, participe das alegrias e alivie as tristezas. E vós, guiados pelos preceitos de Cristo, cuidai antes de tudo que esta nova casa seja a morada da caridade, de onde se expanda, em todo sentido, o odor de Cristo.

Proclamar: *Lc 10,5-9 – A paz esteja nesta casa.*

Lc 19,1-9 – Hoje a salvação entrou nesta casa.

Se for oportuno, o ministro dirige a homilia para levá-los a entender, pela fé, o sentido da celebração.

---

[1] *Ritual de bênçãos*. São Paulo, Paulinas/Vozes, 1990. nn. 474-491.

Ministro: Vamos invocar, com gratidão e alegria, o filho de Deus, Senhor do céu e da terra, que, fazendo-se homem, veio habitar entre nós e digamos:

Todos: Permanecei conosco, Senhor.

Leitor: Senhor Jesus Cristo, que com Maria e José santificastes a vida de família, dignai-vos ficar conosco nesta casa para que vos sintamos nosso hóspede e vos veneremos como nosso chefe.

Todos: Permanecei conosco, Senhor.

Leitor: Todo edifício unido vós o transformais num templo santo; fazei que os residentes desta casa se transformem numa habitação do Espírito de Deus.

Todos: Permanecei conosco, Senhor.

Leitor: Ensinastes os vossos fiéis a construírem sua casa sobre pedra firme; concedei que esta família tenha uma vida modelada por vossas palavras e, afastada toda desunião, vos sirva, de alma e coração abertos.

Todos: Permanecei conosco, Senhor.

Leitor: Éreis carente de casa própria e aceitáveis, na alegria da pobreza, a hospitalidade dos amigos; fazei que todos os necessitados de habitação encontrem, com nossa ajuda, uma moradia digna.

Todos: Permanecei conosco, Senhor.

Ministro: Favorecei, Senhor Jesus, os vossos filhos que pedem com humildade vossa bênção sobre esta casa; sede refúgio para os que aqui moram, companheiro dos que saem, hóspede com os que entram, até o dia de terem, todos, feliz acolhimento na casa do vosso Pai. Vós, que viveis e reinais para sempre.

Todos: Amém.

O **ministro** asperge água benta sobre os presentes e na casa, dizendo, se for oportuno:

Que esta água nos lembre o nosso Batismo e o Cristo, que nos salvou por sua Morte e Ressurreição.

Todos: Amém.

Ministro: Que a paz de Cristo reine em nossos corações, a palavra de Cristo habite constantemente em nós, para que tudo que fizermos, em palavras e obras, o façamos em nome do Senhor.

Todos: Amém.

Bibliografia

AZEVEDO, Walter Ivan. *Explicação do Creio e do sacramento da Crisma*. São Paulo, Paulinas, 2012.
BENTO XVI. Carta encíclica *Deus Caritas Est*. São Paulo, Paulinas, 2006.
_____. Exortação Apostólica pós-sinodal *Sacramentum Caritatis* – sobre a Eucaristia, fonte e ápice da vida e da missão da Igreja. São Paulo, Paulinas, 2007.
CATECISMO DA IGREJA CATÓLICA. São Paulo, Paulinas, 1998.
CELAM (Conselho Episcopal Latino-Americano). *Documento de Aparecida*; texto conclusivo da V Conferência Geral do Episcopado Latino-Americano e do Caribe. São Paulo, Paulinas, 2007.
CNBB (Conferência Nacional dos Bispos do Brasil). *Campanha da Fraternidade*; drogas: por quê? Texto-base. São Paulo, Paulinas, 2001.
_____. *Diretório nacional de catequese*. São Paulo, Paulinas, 2006. (Documentos da CNBB, n. 84).
_____. *Evangelização da juventude*; desafios e perspectivas pastorais. São Paulo, Paulinas, 2007. (Documentos da CNBB, n. 85).
_____. *Missão e ministérios dos cristãos leigos e leigas*. São Paulo, Paulinas, 1999. (Documentos da CNBB, n. 62).
_____. *Comunidade de comunidades: uma nova paróquia*. Brasília, Edições CNBB, 2013. (Estudos CNBB 101).
CONCÍLIO VATICANO II. Constituição *Sacrosanctum Concilium* (sobre a sagrada liturgia). 8. ed. São Paulo, Paulinas, 2007.
_____. Constituição *Gaudium et Spes* (sobre a Igreja no mundo atual). 15. ed. São Paulo, Paulinas, 2007.

_____. Constituição *Lumen Gentium* (sobre a Igreja). 20. ed. São Paulo, Paulinas, 2007.

CONGREGAÇÃO PARA A EDUCAÇÃO CATÓLICA. *Orientações educativas sobre o amor humano*; linhas gerais para uma educação sexual. São Paulo, Paulinas, 1983.

DARIVA, Noemi. *Celebrando a fé com as palavras do Papa Bento XVI em seus Discursos e Audiências.* São Paulo, Paulinas, 2013.

FERNANDES, Leonardo Agostini; GRENZER, Matthias. *Evangelho segundo Marcos*; eleição, partilha e amor. São Paulo, Paulinas, 2012.

GUERGUÉ, Jesus. *Jesus: um projeto de vida.* São Paulo, Paulinas, 1988.

INSTRUÇÃO GERAL SOBRE O MISSAL ROMANO. RITUAL DE BÊNÇÃOS. São Paulo, Paulinas, 1990.

OLIVEIRA, Pedro A. Ribeiro de. *Campanha da Fraternidade 2001*; drogas: por quê? Disponível em: <http://www.cf.org.br/cf2001/subsidios/drogaspq.shtml>.

Rua Dona Inácia Uchoa, 62
04110-020 – São Paulo – SP (Brasil)
Tel.: (11) 2125-3500
http://www.paulinas.com.br – editora@paulinas.com.br
Telemarketing e SAC: 0800-7010081